MÉTODO ROER 7 X 4

MÉTODO ROER 7 X 4

Método para solución de problemas
empresariales y paradigmas antiguos

JULIO CÉSAR IDROBO RENDÓN

Número de Control de la Biblioteca del Congreso de EE. UU.:   2013918971
ISBN: Tapa Dura   978-1-4633-4865-6
                 Tapa Blanda   978-1-4633-4864-9
                 Libro Electrónico   978-1-4633-4866-3

Para realizar pedidos de este libro, contacte con:
Palibrio LLC
1663 Liberty Drive
Suite 200
Bloomington, IN 47403
Gratis desde España al 900.866.949
Gratis desde EE. UU. al 877.407.5847
Gratis desde México al 01.800.288.2243
Desde otro país al +1.812.671.9757
Fax: 01.812.355.1576
ventas@palibrio.com
484748

ÍNDICE

AGRADECIMIENTOS

A mi madre, que aún se mantiene pendiente de mis necesidades, a mi padre (q.e.p.d.), a mi Padre Celestial que me inspiró, orientó y fortaleció, a mi esposa y bellos hijos, por su apoyo incondicional, y por supuesto a quienes me revisaron el trabajo como: Cesar Augusto Arcila Osorio, Javier Duván Morales Valencia y Diego Hernán Torres Ríos.

Igualmente a: Giovanny Lozano, Manuel Alejandro López y Tito Santos Galvis, quienes refinaron las imágenes y videos.

A mis amigos, colegas y empresarios que han aceptado con paciencia y humildad este proyecto, sobre cómo ayudar a resolver los desafíos del trabajo de emprendimiento y sostenimiento de las empresas, etc.

Respetuosamente.
Julio Cesar Idrobo Rendón.

INTRODUCCIÓN

El Método Roer 7X4 es un modelo diseñado para ayudar a los empresarios, personas e interesados a enfrentar los cotidianos problemas y desafíos de: su oficio, profesión, familias, etc., tanto a corto como a largo plazo.

Ayuda al lector como enfocar y definir los planes de solución de los problemas, porque centra sus esfuerzos en las prioridades, buscando integrar los recursos humanos en torno al problema, por difícil que este sea, siempre habrá manera de enfrentarlo. Plantea las soluciones mediante estratagemas que le permiten conocerlos, investigarlos, ampliando el panorama de solución mediante el análisis, la simulación de soluciones, la sistematización, la divulgación, la interpretación, la ejecución, la adaptación a circunstancias y la estandarización de las reglas de trabajo, para dificultades semejantes.

Lo primero que hace es enseñar a: reconocer e identificarlos, estudiarlos y después organizar planes de trabajo para atacarlos al fondo, mediante la investigación científica y la búsqueda del conocimiento que le permita en profundidad sortearlos de la mejor manera, con su gente, y generando estrategias para emprender la solución, ajustando los métodos de solución a la realidad y vivencias propias.

No es un método para motivar a los trabajadores, sino para integrar a su personal en torno a desafíos de problemas de trabajo, en donde en consenso con todos, se busca aplicar los procedimientos de sus premisas, sus fases, sus preguntas básicas y sus tareas, y así lograr disciplinadamente el éxito, solución y por ende la oportunidad para diseñar modelos estándares para casos semejantes que se presenten en el tiempo.

Tan pronto se han terminado las ejecuciones de solución se invita a los protagonistas a que actualicen los modelos y estándares con los resultados, solo si estos son normales y sirven para medir el buen desempeño.

1

Construyendo puentes para las nuevas generaciones:

1-1 Analogía 1.

1-2 Similitudes del castor con el hombre.

La palabra roer es usada en honor a los roedores y entre ellos los castores son los mayores además de poseer habilidades comunes al hombre, ya que:

	Los castores	El hombre
1.2.1	Construyen diques para el beneficio de la colonia.	También es constructor por excelencia.
1.2.2	Trabajan en conjunto.	Organiza empresas, ciudades, etc.
1.2.3	Son esplendidos nadadores	Vence barreras por buzos, submarinos, lanchas de alta velocidad.
1.2.4	Son incansables emprendedores.	Organiza proyectos con nuevas tecnologías.
1.2.5	Vence la dificultad como intenso frío.	Vence alturas, profundidades, condiciones extremas
1.2.6	Construyen hogares permanentes.	Cria, forma y educa familias.
1.2.7	Aprovechan todo lo de los árboles.	Aprovecha los recursos naturales.
1.2.8	Almacena alimentos para la escasez.	Congela, refrigera y conserva alimentos.
1.2.9	Enfrenta peligros para proteger sus camadas.	Enfrenta todas las fieras y obstáculos
1.2.10	Acondiciona el paisaje a sus necesidades.	Crea parques, protege el medio ambiente ahora.
1.2.11	Son bastantes inteligentes.	Lo es, cuando usa el conocimiento correctamente.
1.2.12	Fieles a su pareja única.	Espera que su pareja le sea fiel y leal.
1.2.13	Perseverantes	Sigue en la necesidad de construir sociedades.
1.2.14	Su velocidad en el agua es admirable.	Se ha hecho veloz con motonaves, etc.
1.2.15	Longevidad en libertad de hasta 25 años.	Puede llegar a los 85 en promedio.
1.2.16	Herbívoros.	Se alimenta de las plantas que cree son benéficas.
1.2.17	Mamíferos.	Su primer alimento es la leche materna.

Nota: Y solo en trabajos de construcción de obras para cambiar el entorno son superados por el hombre

1.3. Conclusiones generales:

1.3.1. Porque somos constructores, trabajamos unidos, con técnicas nos hacemos versátiles, y adaptables, al medio.

1.3.2. Nos agrada la independencia al formar familias.

1.3.3. Almacenamos y aprovechamos todos los recursos.

1.3.4. Somos valientes al enfrentar los desafíos de las dificultades y obstáculos.

1.3.5. Si nos lo proponemos, mejoramos el ambiente.

1.3.6. Somos veloces, inteligentes, fieles, y longevos.

1.4. Conclusiones de aplicación:

1.4.1. Estamos hechos para:
Forjarnos ideales, romper barreras, cristalizar sueños, acondicionar situaciones, mejorar condiciones empresariales, superar altas competencias, permanecer en vigencia y sobre todo alcanzar el éxito.

1.4.2. La técnica **ROER** significa:
Trabajar con diligencia sobre los materiales, para acondicionarlos a nuestras necesidades, es persistir en el trabajo, aunque otros solo piensen en cazar oportunidades como el lobo, que no trabaja, sino espera, asecha, en busca de los que trabajan, para robarles, no produce, solo importuna.

1.4.3. El castor no se inquieta por los problemas:
Solo almacena, construye, trabaja, no pierde tiempo en lamentarse, en aullar, solo hace lo que debe en el momento preciso, no importa las condiciones de clima, limitaciones.

1.4.4. Nuestros problemas hay que:
Roerlos, digerirlos, conocerlos, estudiarlos, interpretarlos, aceptarlos, superarlos, transmitirlos, convertir las soluciones en técnicas y estándares.

1.4.5. Nos motiva para ser proactivos:
Son estilos de vida, y no en estar a la espera de que otros nos den (fomento la **mendicidad), en tanto que vienen a rescatarnos comenzamos a resolver los problemas,** *enfrentamos los propios con ayuda de otros, cuando los compartimos, sin quitar a los demás, sino haciendo nuestra parte en el momento preciso, a pesar de las crisis.*

2

Roer como método de "Solución de problemas"

2.1. Definición: ¿Qué es ROER 7 X 4?:

Es una: técnica sencilla de hacer las cosas mejor que bien, con procedimientos definidos, estudiados y aprobados democráticamente, para el bien de todos y el entorno, convirtiendo ello en un estilo de solución de problemas y acciones, trayendo progreso permanente a todos.

2.2. Roer es una forma de hacer.

Roer es hacer mediante la aplicación de sus ocho (8) características cuales son:

> *2-2-1 Es una técnica.*
> *2-2-2 Hacer las cosas mejor que bien.*
> *2-2-3 Usar procedimientos definidos y estudiados.*
> *2-2-4 Aprobados democráticamente.*
> *2-2-5 Hacer las cosas para el bien de todos.*
> *2-2-6 Para el bien del entorno.*
> *2-2-7 Es una disciplina o un estilo de solución de problemas.*
> *2-2-8 Trayendo progreso ahora y a los que vienen después.*

2.3. Justificación de las Características:

2.3.1. Es una técnica:

Porque esquematiza un proceso para resolver dificultades. Los procedimientos se definen en: 3 premisas, 4 fases segmentadas en siete preguntas básicas y 16 tareas, todas, bajo correlación (4 tareas por fase = 4 X 4).

2.3.2. Hacer las cosas mejor que bien:

Se pretende recordar que no hay varias calidades, solo hay una y es excelente; no debe existir, ni malo, mediocre, o eventualmente bueno, sino excelente, confiable, responsable, duradero, que pague el precio.

2.3.3. Usar procedimientos definidos y estudiados.

Se hacen análisis de los derroteros, se simulan los caminos, se ponen a prueba las pautas, no se lanzan a la improvisación o al mercado productos, sin importar si están buenos, regulares o malos.

Es estudiado: porque da la oportunidad a todos de traer soluciones mediante la observación, investigación, actualización, la perfección que conlleva aprender de otros por medio de textos, internet, o experiencias vividas.

2-3-4 Aprobados democráticamente.
Al definir criterios centrados mediante la interactuación y discusión de ideas, se parte de la comunicación, se analizan los criterios, convirtiendo en habilidades la integración de los participantes en el proyecto para: participar, reconocer, analizar, prevenir, informar, perfeccionar, explicar posiciones, ser proactivos, organizar, emprender, finalizar y estandarizar.

Es democrático por que mediante: La construcción de relaciones permite la participación de todos, dando la oportunidad a que los actores pasivos y activos interactúen con sus ideas, pensamientos, criticas, ya que el primer paso es invitarlos a que aporten, realicen sus comentarios sin temor a ser escuchados, sientan libertad y se puedan sincerar. Se genera confianza y se premia por las buenas ideas, no se juzga, ni critica por las equivocaciones, en otras palabras se es escuchado.

Se plantea una comunicación verbal y escrita, pues en primera instancia se entrega formulario de preguntas, para que antes de expresarlas; las piensen, trascriban, y se acorte el tiempo, ya que ellas son evaluadas por el grupo, con derecho a un minuto o tres si son complejas. Se puede dar la oportunidad inclusive a que las lleven a casa y las traigan formuladas o resueltas en forma clara, en siete preguntas, después incluso de ser cotejadas con sus colegas.

Siempre recordando que se deben mantener los tonos de voz, palabras de respeto, y por supuesto la cordialidad a fin de contrarrestar la politiquería, sucinto.[1]

Nota: en las reuniones deben haber tarjetas de colores para esgrimir por faltas como: tonos, cordialidad, respeto, politiquería y sucinto.

Al integrar el grupo, recordemos que dos cabezas piensan más que una.

---

[1]   Sucinto: Es un tipo de informe corto, expresado en pocas palabras, resumidamente, conciso, y preciso.
Breve.

Analogía 2 El vuelo de los Gansos.

Tomada del libro "La carta a García y otras parábolas de éxito". De Jaime Lopera y Martha Inés Bernal y su autor es una carta al periódico El Tiempo del señor Alfonso Lobo Amaya. Premio Nacional de Literatura.

La ciencia ha descubierto que los gansos vuelan formando una V, porque cuando cada ave bate sus alas, produce un movimiento en el aire que ayuda al ganso que va detrás de él. Volando en V, la bandada completa desarrolla por lo menos 71 % más su poder de vuelo que si cada pájaro lo hiciera solo.

• **Primera deducción:**

Cuando **compartimos una dirección común** *y tenemos* **sentido de comunidad**, *podemos llegar a donde deseamos más* **fácil y más rápido**. *Este es el beneficio del apoyo mutuo.*

Cada vez que el ganso se sale de la formación siente la resistencia del aire, se da cuenta de la dificultad de volar solo y de inmediato se incorpora de nuevo a la fila para beneficiarse del poder del compañero que va adelante.

• **Segunda Deducción:**

Si mantuviéramos la lógica de un ganso, nos mantendríamos con aquellos que se dirigen en nuestra misma dirección.
Cuando el líder de los gansos se cansa, se pasa a uno de los puestos de atrás y otro ganso toma su lugar.

• **Tercera deducción:**

Obtenemos resultados óptimos cuando hacemos turnos para realizar los trabajos difíciles.

Los gansos que van detrás producen un sonido propio, y lo hacen con frecuencia para estimular a los que van adelante a mantener la velocidad.

• **Cuarta deducción:**

Una palabra de aliento produce grandes resultados. –

Finalmente, cuando un ganso enferma o cae herido por un disparo, dos de sus compañeros se salen de la formación y lo siguen para ayudarlo y protegerlo.

Se quedan con el hasta que esté nuevamente en condiciones de volar o hasta que muera; sólo entonces, los dos acompañantes vuelven a la bandada o se unen a otro grupo.

• **Quinta deducción:**

Si tuviéramos la inteligencia de un ganso, nos mantendríamos uno al lado del otro, ayudándonos y acompañándonos.

2.3.5. Hacer las cosas para el bien de todos.

Una magnífica oportunidad para valorar esfuerzos del grupo.

Hay pensamientos basados en que si se premia, no está bien, pues el trabajador tiene la obligación de hacer su trabajo correctamente, sin embargo estamos hablando de procurar derrotar la apatía, el cansancio mental de la rutina, la desmotivación de no ser considerado como ser pensante sino un autómata, es dar riendas sueltas a la creatividad para la mejora, y evitar el desinterés particular y general. Es un premio por algo adicional. Buscar los objetivos comunes de progreso a nivel de grupo, individual y empresarial, o de interesados.

Debido a que lo convertimos en rutina, con el fin de que las cosas difíciles sean controvertidas a un estado de soluciones entre los actores, divulgando las soluciones mediante: políticas, rutas, métodos, y perfeccionando los estándares de trabajo, y ante todo que se premia y castiga por las jugadas buenas y malas, pues si la empresa no comparte su progreso, se diluyen las buenas intenciones entre la indiferencia y el desinterés se vuelve una norma.

2.3.6. Para el bien del entorno.

Cuando hay progreso, también se realizan obras, para acondicionar las áreas de trabajo, de ajustar los espacios, de brindar mejores condiciones a los trabajadores, visitantes, eliminar riesgos, perfeccionar rutinas, hacer mantenimientos y mejoras a equipos, generar cambios al ambiente, transmitiendo sentimiento de progreso a unos y a otros.

2.3.7. Es una disciplina o un estilo de solución de problemas.

Es un estilo de hacer las cosas en busca de la eficacia. De atacar los problemas de fondo. Formas de buscar el éxito continuo, poniendo metas nuevas y superiores.

Quizás las rutinas de la técnica ayuden a buscar el éxito merecido, haciendo del entorno del trabajo algo motivador y no algo aburrido, pues si no se tiene deseo de saber para dónde se va, no tiene objeto caminar, y mucho menos acelerar la marcha. Este método busca la eficiencia combinando la velocidad + la exactitud.

Porque es eficaz: Por cuanto en verdad se obtienen resultados y hace que las cosas excelentes sucedan oportunamente.
Es un método: sencillo, claro, practico, y fácil de: visualizar, estructurar, aplicar y mantener vigente.
Lo mismo que los métodos conocidos de calidad, reingeniería, o de KPI, *1 solo que es una forma de ser: pragmático, discutido, valorado y reprogramado después de la prueba de acción o simulación.

Anécdota 1. *Llenen sus vidas; Aportación de María Teresa Bernal al libro de* "La carta a García y otras parábolas de éxito". De Jaime Lopera y Martha Inés Bernal

Un experto estaba dando una conferencia a un grupo de profesionales. Para dejar en claro cierto punto, utilizo un ejemplo que aquellos jamás olvidaron. Parado frente a un auditorio de personas tan exitosas, dijo: "Quisiera hacerles un examen".

De debajo de la mesa saco un jarrón de vidrio, de boca ancha, y lo puso sobre la mesa frente a él. Luego saco una docena de piedras del tamaño de un puño y empezó a ponerlas, una por una, en el jarrón. Cuando éste quedo lleno hasta el tope y ya no se podían colocar más piedras, el conferencista pregunto al auditorio: ¿Está lleno este jarrón?

Los asistentes, al unísono, contestaron: Si.

Entonces él dijo: ¿Están seguros?, y enseguida saco de debajo de la mesa un balde de piedras más pequeñas. Echo un puñado de esos guijarros en el recipiente y lo movió, haciendo que las piedras pequeñas se acomodaran en el espacio vacío entre las grandes. Cuando hubo hecho esto, pregunto de nuevo: ¿está lleno este jarrón?

Como esta vez el auditorio ya suponía lo que vendría, uno de los asistentes dijo en voz alta:
Probablemente no.

Muy bien repuso el expositor. Saco de debajo un balde lleno de arena y empezó a verter está en el jarrón. La arena se acomodó en el espacio entre las piedras grandes y las pequeñas. Una vez más pregunto al grupo: ¿Esta lleno el jarrón?

Esta vez varias personas respondieron en coro: No.

Entonces el expositor manifestó: Muy bien, luego saco un recipiente con agua y vertió líquido en el jarrón hasta llenarlo. Cuando termino el procedimiento, miro hacia el auditorio y pregunto ¿Cual creen ustedes que es la enseñanza de esta demostración?

Uno de los espectadores levanto la mano y dijo: la enseñanza es que no importa que tan lleno este tu horario, si de verdad lo intentas, siempre podrás incluir más cosas.

No replico el expositor, esa no es la lección. La verdad de esta demostración es que si no colocas las piedras grandes primero, no podrás ponerlas en ningún otro momento. ¿Cuáles son las piedras grandes en tu vida: tu familia, tu fe, tu educación, o tus finanzas? ¿O alguna causa que desees apoyar? ¿O enseñar a otros lo que sabes? Recuerda poner esas piedras grandes primero, o no encontraras un lugar para ellas.

Tomate el tiempo para clarificar cuáles son tus prioridades y revisa como usas el tiempo para que no se te quede ninguna afuera o, lo que es peor, te veas obligado a sacar una piedra grande para poder meter arena o agua. ¿Cuáles son, entonces, tus piedras grandes?

2.3.8. Trayendo progreso a los de ahora y a los que vienen después.

Dejar un legado a los que vienen atrás, y buscar la realización personal, sabiendo que siempre está mejorando, construyendo puentes, para las generaciones emergentes.

KPI: es un término del inglés, que significa "Key performance indicatores, cual en castellano equivale a decir "Indicador clave de desempeño"

3

NO HAY BIEN QUE POR MAL NO VENGA

Analogía 3. *Sabiduría para una mejor cultura.*

Tomado de un escrito de Jairo Restrepo Rivera en su tema Agricultura Orgánica.

Un pollito amarillo se encontraba en el campo, paseando distraídamente, cuando repentinamente apareció un gavilán que lo empezó a sobrevolar con la intención de comérselo. Al darse cuenta de su situación, el pollito amarillo se refugió debajo de una vaca y le pidió ayuda: "pio, pio", señora vaquita, por favor protéjame del gavilán".

Sigue,
"La vaca, muy amable, se hizo caca encima del pollito amarillo, con la intención de esconderlo del ave de rapiña."

Luego,
"Cuando el pollito amarillo se vio sumergido en el estiércol, saco la cabeza de la misma en busca de luz y para reclamarle a la vaca. "Pio, pio, oye vaca de.......", pero al asomarse lo vio el gavilán, quien inmediatamente lo agarro de la cabeza, lo saco del estiércol y se lo comió."

Y para terminar,
> *Moraleja 1:* No todo el que te tira estiércol es tu enemigo.
> *Moraleja 2:* No todo el que te saca del estiércol es tu amigo.
> *Moraleja 3:* Si estás con el estiércol hasta la coronilla no digas ni pio.

4

Como lo comprendemos:

Cuando nos hacemos las preguntas básicas del:

¿Qué, cómo, cuándo, cuanto, dónde, quienes y por qué?:
Alguien dijo que si lo relacionamos con este término, quizás lo memoricemos con más facilidad. (Quedocuquicoporque)

*¿En qué consiste?
Consiste en buscar la anchura, altura y profundidad de las cosas, y una vez ubicados mediante la observación se procede a buscar soluciones al estructurarlas entre los gestores, actuantes, afectados y/o vinculados, a fin de buscar que la ejecución sea eficaz a todo nivel, y permanentemente mejorada.

*¿Cómo aplicarlo?:
Al conocer su sencillo derrotero, se memoriza y se aplica en: tres **premisas (Observar, escuchar y pedir orientación a quién sabe)**, cuatro **fases** que se denominan 1-Reconocer, 2-Organizar, 3-Ejecutar Y 4-Retroalimentar, con siete **preguntas (que, como cuando, donde, cuanto, quienes y porque)** y cada fase de cuatro tareas.

¿Cuándo utilizarlo?:
A diario, en cada ocasión que se requiera hacer algo nuevo, resolver un problema, o aprovechar una oportunidad, o proyectar una acción.

¿Cuánto vale aplicarlo?:
Depende de nosotros, pues el valor del tiempo es importante, pero no hacer nada es peor, y su resultado se convierte en oportunidades perdidas, que no las veremos más. ¿Podemos dimensionar el valor, de lo dejado de hacer correctamente por no ejercitar el derecho y responsabilidad de actuar? Do it, but very well and now.[2]

¿Quiénes pueden participar?
Solo quienes tengan el deseo, se impongan la meta de salir de la mediocridad y quieran recomponer su futuro. Tan solo sirve para aquellos que perciben, reconocen que hay fallos o barreras que hay por superar, y tan pronto se aceptan las condiciones de existencia de problemas, se puede iniciar la etapa de aplicación.

¿Dónde lo podemos aplicar?:
En todo tipo de: situación, empresa, circunstancia, oportunidad o dificultad, pues está hecho, para 1-identificar problemas, es decir reconocer y aceptar la existencia de la dificultades 2-estudiarlos a conciencia, buscarle la estructura de solución, 3-emprender la solución y ajustar durante y después de arrancar y terminar, para 4-convertirlo en una rutina agradable.

¿Por qué se cree que es práctico?

- Al aplicarlo no requiere muchos misterios, ni tampoco es largo, pero en cambio es fácil de recordar los procedimientos: Roer 4 x 7; sus iniciales nos dan la clave y sus números nos recuerdan las: 4 fases, 7 preguntas, 4 tareas por fase y los contenidos se correlacionan.

- Se parte de la **observación, de escuchar, y de buscar apoyo**, cuando se vislumbra la dificultad mayor. **Estas premisas** juegan en cada condición, fase o tarea, es algo envolvente.

---

[2] *Do it, but very well and now. *1 En ingles significa, hazlo, pero muy bien y ahora.*

- Premisas Fases 7 Preguntas a las 16 tareas

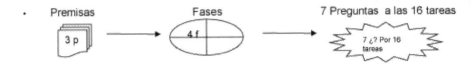

- Las 4 **fases** son: A 1-Reconocer se hace al explorar, 2-Organizar es estructurar, 3-Emprender es ejecutar y 4-Retroalimentar es mantener.

Es lo mismo que:

-1-Explorar, 2-Estructurar, 3-Ejecutar y 4-Mantener

Está al alcance de cualquier grupo de trabajo, y vale la pena intentarlo aplicar, pues gracias a su manera de compartir el éxito se vuelve justo. A mayor esfuerzo mayor premio.

Recordemos que son siete preguntas básicas y 4 tareas por cada fase = 16 tareas, las cuales más adelante las veremos en detalle.

5

Contradicciones y los paradigmas

5.1. Analogía 4.

¿Quién no conoce este hombre que emula abrir una puerta?

5.2. Este hombre invitaba a aumentar los atributos del:

Del conocimiento, del emprendimiento, del poner en práctica sanas costumbres, del respeto por la naturaleza, y ante todo de creer que si se puede.

Este científico, en su tiempo fue incomprendido:

Porque las personas del común no le creían; para muchos estaba loco y otros más juiciosos pusieron en práctica parte de sus enseñanzas.

5.3. Opiniones de los entendidos sobre sus alcances:

A continuación se dan a conocer algunas opiniones tomadas de internet, quienes resaltaron su obra. Tomadas de varios autores.

Fueron muchas y muy importantes las aportaciones del físico de origen alemán Albert Einstein (1879-1955) al mundo de la ciencia. Sus descubrimientos marcaron una época, hasta el punto de convertirse en uno de los personajes más destacados del pasado siglo XX.

Su cerebro alumbró ideas que ayudaron a entender la naturaleza de la luz, del espacio y del tiempo. Gracias a ellas, hoy se puede disfrutar, entre otras cosas, de Internet y de la televisión.

Teoría de la Relatividad de Einstein y GPS
Para empezar, Einstein firmó la Teoría de la Relatividad General, que supuso una auténtica revolución en el entendimiento de la gravedad. Años antes, el científico había formulado la Teoría de la Relatividad Especial, inspirada en aportaciones previas de los investigadores Henri Poincaré y Hendrik Lorentz.

En 1905, siendo un joven físico desconocido, empleado en la Oficina de Patentes de Berna (Suiza), publicó su Teoría de la Relatividad Especial. En ella incorporó, en un marco teórico simple y con base en postulados físicos sencillos, conceptos y fenómenos estudiados anteriormente por Henri Poincaré y Hendrik Lorentz. Probablemente, la ecuación de la física más conocida a nivel popular es la expresión matemática de la equivalencia masa - energía, $E=mc^2$, deducida por Einstein como una consecuencia lógica de esta teoría. Ese mismo año publicó otros trabajos que sentarían algunas de las bases de la física estadística y la mecánica cuántica.

En 1915] presentó la Teoría General de la Relatividad, en la que reformuló por completo el concepto de gravedad. Una de las consecuencias fue el surgimiento del estudio científico del origen y evolución del Universo por la rama de la física denominada cosmología. Muy poco después, Einstein se convirtió en un icono popular de la ciencia alcanzando fama mundial, un privilegio al alcance de muy pocos científicos.

*El generador infinitesimal (y, por lo tanto, el generador característico) de un movimiento browniano en **R**n puede calcularse fácilmente en ½Δ, donde Δ denota un operador laplaciano. Esta observación es útil al definir un movimiento browniano en una variedad de Riemann m-dimensional (M, g): un* *movimiento browniano M se define como una difusión en M cuyo operador característico en coordenadas locales xi, 1 ≤ i ≤ m, está dado por ½ΔLB, donde ΔLB es el operador de Laplace-Beltrami dado en las coordenadas por:*

$$\Delta_{LB} = \frac{1}{\sqrt{\det(g)}} \sum_{i=1}^{m} \frac{\partial}{\partial x_i} \left(\sqrt{\det(g)} \sum_{j=1}^{m} g^{ij} \frac{\partial}{\partial x_j} \right),$$

Donde $[g^{ij}] = [g_{ij}]$ −1 en el sentido de una matriz cuadrada inversa.

Otras deducciones muy famosas de Einstein fueron las relacionadas con el movimiento Browniano, el efecto fotoeléctrico o la equivalencia masa – energía. Además, fue pionero con su Teoría del Quántum en la Radiación, esencial para el funcionamiento de la tecnología láser, y los tan de moda Sistemas de Posicionamiento Global (GPS).

http://almaak.tripod.com/biografias/albert_einstein.htm
http://bibliotecadigital.ilce.edu.mx/sites/ciencia/volumen2/ciencia3/078/htm/sec_6.htm

5.4. Temas en que cotidianamente se ocupaba:

Albert Einstein (14 de marzo de 1879 - 18 de abril de 1955) fue un físico alemán, nacionalizado suizo primero, posteriormente estadounidense. Es el científico más conocido siglo xx.

En 1905, siendo un joven físico desconocido, empleado en la Oficina de Patentes de Berna (Suiza), publicó su Teoría de la Relatividad Especial. En ella incorporó, en un marco teórico simple y con base en postulados físicos sencillos, conceptos y fenómenos estudiados anteriormente por Henri Poincaré y Hendrik Lorentz. Probablemente, la ecuación de la física más conocida a nivel popular es la expresión matemática de la equivalencia masa-energía, $E=mc^2$, deducida por Einstein como una consecuencia lógica de esta teoría.

Ese mismo año publicó otros trabajos que sentarían algunas de las bases de la física estadística y la mecánica cuántica. En 1915[2] presentó la Teoría General de la Relatividad, en la que reformuló por completo el concepto de gravedad. Una de las consecuencias fue el surgimiento del estudio científico del origen y evolución del Universo por la rama de la física denominada cosmología. Muy poco después, Einstein se convirtió en un icono popular de la ciencia alcanzando fama mundial.

Obtuvo el Premio Nobel de Física en 1921 por su explicación del efecto fotoeléctrico y sus numerosas contribuciones a la física teórica, y no por la Teoría de la Relatividad, pues el científico a quien se encomendó la tarea de evaluarla, no la entendió, y temieron correr el riesgo de que se demostrara errónea posteriormente. En esa época era aún considerada un tanto controvertida por parte de muchos.

5.5. Imágenes de las explicaciones del efecto fotoeléctrico.

Imaginémonos brevemente cuanto conocimiento se requirió, para poder desarrollar sus teorías, cuales se podrían lánguidamente mostrar en los siguientes esquemas e imágenes:

$$\left(\frac{h}{\lambda_1}\right)^2 + (m_0 c)^2 = (m_0 c)^2 + \left(\frac{h}{\lambda_2}\right)^2 = (m_0 v)^2 + (m_0 c)^2 + \left(\frac{h}{\lambda_3}\right)^2$$

$$\left(\frac{h}{\lambda_1}\right)^2 - \left(\frac{h}{\lambda_2}\right)^2 = (m_0 c)^2 - (m_0 c)^2 = (m_0 v)^2$$

$$\frac{h}{\lambda_1} = \frac{h}{\lambda_2} \cos\theta \qquad \frac{h}{\lambda_1} = \Delta m c$$

$$\left(\frac{h}{\lambda_1} sen\theta\right)^2 = (m_0 v)^2 = (\Delta m . c . sen\theta)^2$$

$$(h\upsilon_1 sen\theta)^2 = (m_0 v c)^2 = (\Delta m c^2 . sen\theta)^2$$

$$(m_0 v c)^2 = (h\upsilon_0 + h\upsilon_e)^2 = (h\upsilon_m)^2$$

$$(h\upsilon_1 sen\theta)^2 = (h\upsilon_0 + h\upsilon_e)^2 = (h\upsilon_m)^2 = (m_0 v c)^2 = (\Delta m c^2 . sen\theta)^2$$

$$h\upsilon_1 sen\theta = h\upsilon_0 + h\upsilon_e = h\upsilon_m = m_0 v c = \Delta m c^2 . sen\theta$$

$$h\upsilon_1 sen\theta = h\upsilon_0 + h\upsilon_e \qquad h\upsilon_e = h\upsilon_1 sen\theta - h\upsilon_0$$

$$\upsilon_e = \upsilon_1 sen\theta - \upsilon_0$$

Premio Nobel de Física en 1921, Albert Einstein también está considerado el padre de la bomba atómica, aunque en sus escritos se reveló como un firme defensor de los movimientos pacifista, socialista.

5.6. Mejor es actuar que lamentarse:

Albert Einstein manifestó el remedio para la crisis:

"No pretendamos que las cosas cambien, si siempre hacemos lo mismo. La crisis es la mejor bendición que puede sucederle a personas y países, porque la crisis trae progreso. La creatividad nace de la angustia, como el día nace de la noche oscura. Es en la crisis que nace la inventiva, los descubrimientos y las grandes estrategias. Quien supera las crisis, se supera a sí mismo sin quedar superado.

Quien contribuye a las crisis sus fracasos y penurias, violenta su propio talento y respeta más a los problemas que a las soluciones. La verdadera crisis es la crisis de la incompetencia. El inconveniente de las personas y los países es la pereza para encontrar salidas y soluciones.

Sin crisis no hay desafíos, sin desafíos la vida es una rutina, una lenta agonía. Sin crisis no hay méritos. Es en la crisis donde aflora lo mejor de cada uno, porque sin crisis todo viento es caricia. Hablar de crisis es promoverla, y callar en la crisis es exaltar el conformismo. En vez de esto, trabajemos duro. Acabemos de una vez con la crisis amenazadora, que es la tragedia de no querer luchar por superarla."

Si entendiste todas estas aportaciones a la ciencia, estás preparado para otras mayores, sin embargo si descifraste algunas, no te sientas mal, el 90% de los humanos no las entendemos o las olvidamos cuando en el bachillerato vimos partes, pero si que nos beneficiamos de su conocimiento, sus aportaciones, que no vinieron por casualidad, sino para preparar a la tecnología de hoy y mañana.

Al igual que Dios creo la complejidad de los mundos, y muchos existen, hoy y otros dejaron de existir, pero el que el hombre piense en solo teorías, pero por ello no podemos descartar la existencia de un ser supremo, que esta para ayudar al que desee, y al cual ya otros conocemos, pues hemos pasado de la creencia al conocimiento y certeza de su real existencia.

5.7. Opiniones Curiosas

Anécdota 3. Como enfrentar la crisis.

Mensaje de Jairo Rozo para autores libro "La carta a García y otras parábolas de éxito". De Jaime Lopera y Martha Inés.

Un hombre vivía a la orilla de un camino y allí vendía perros calientes. No tenía radio, ni televisión, ni leía periódicos, pero hacia y vendía sus excelentes perros calientes. Solo se preocupaba por la divulgación de su negocio, colocaba carteles de propaganda en el camino, ofrecía productos en voz alta y el pueblo le compraba.

Las ventas fueron aumentando, y el ofrecía el mejor pan y la mejor salchicha. Fue necesario comprar un auto más grande para tender la creciente clientela. El negocio prosperaba: su perro caliente era el mejor de la región. Venciendo su situación económica pudo pagar una muy buena educación a su hijo, quien creció y se fue a estudiar economía a la mejor universidad del país.

Graduado con honores, volvió a casa. Cuando advirtió que su padre continuaba en su misma vida, lo invitó a tener una seria plática. "papa le dijo: ¿Cómo es que usted no oye radio, ni ve televisión? Hay una gran crisis en el mundo y la situación de nuestro país es crítica. Todo está malo y el país va a quebrar.

Después de escucharlo, el padre pensó:" Si mi hijo es economista, lee los periódicos y se ve la televisión, entonces puede tener razón". Así que temeroso de la crisis, comenzó a cambiar su negocio: compro una salchicha más barato, disminuyo su calidad del pan y dejo de hacer propaganda en los caminos. Abatido por la noticia, ya ni siquiera ofrecía su producto a viva voz.

Tomadas estas precauciones, las ventas comenzaron a caer a niveles insoportables, hasta que el negocio de perros calientes, que antes había dado recursos suficientes para que el hijo estudiara economía en la mejor universidad, se quebró. El padre muy triste, le dijo a su muchacho: "hijo, tenías razón, estamos en medio de una crisis". Luego les comentó orgullosamente a sus amigos, que le preguntaban por la nueva situación: "bendita sea la hora en que envié a mi hijo a estudiar economía: el me aviso de la crisis oportunamente".

5.8. Tal científico se apoyó en un ser superior.

Albert Einstein un día dijo que el hombre era más grande cuando sus rodillas estaban cerca del piso.

Este gran científico aporto mucho a la física cuántica, y cantidad de otras cosas, pero nosotros ahora nos beneficiamos, y sin embargo no entendemos como avanzo, pero acepto la existencia de un ser superior, al cual pidió seguramente entendimiento de los desafíos e investigaciones.

5.9 Conclusiones de los aportes de Albert Einstein:

1. Descubre muchas leyes de física que benefician a la humanidad hoy.

2. Aclara las ideas a los científicos sobre las leyes que gobiernan la luz, espacio, el tiempo.

3. Expuso la teoría de la relatividad especial y abrió las puertas para la comprensión de la gravedad.

4. Dedujo la ecuación de la física sobre la masa-energía.

5. Realizo varios trabajos de estadística y la mecánica cuántica.

6. Revoluciono el estudio del universo por la rama de la física denominada cosmología.

7. Grandes aportes sobre el movimiento browniano.

8. El efecto fotoeléctrico.

9. Pionero con la teoría del Quantum en la radiación, la cual abrió las puertas al estudio de los rayos láser, y los sistemas GPS.[3]

10. La ciencia no es obstáculo para expresar gratitud por la creación y dependencia de Dios.

---

[3] *GPS: Sistemas de Posicionamiento Global.*

6

Antecedentes de la toma de decisiones:

6.1. La votación como postulado para decidir.

La tradición de tomar decisiones ha sido someterlas a votación, sin embargo muchas de ellas se han visto ensombrecidas por los intereses de las fuerzas mayoritarias, por quienes tienen más poder para elegir y así han funcionado miles de veces, sin permitir el análisis, sino rindiéndose a factores subjetivos, apariencias, intereses poco comunes y más bien particulares, pero pocas veces valorado conforme a los dictados de su propia conciencia.

Muchas decisiones han sido el resultado de aceptación de grupos y no la libre conciencia. Por ello ha sido un paradigma romper estas barreras. Y hoy parece que tales métodos seguirán siendo iguales, hasta tanto no se hagan cambios radicales en los métodos de tomar decisiones y de evaluar los problemas para enfrentarlos de manera consciente.

6.2. La ponderación se abre camino como técnica en la toma de decisiones.

La preocupación de muchos ha sido establecer herramientas para favorecer aquellas que sean más convincentes. Se han referido cantidad de veces procedimientos que convergen a la valoración de cada una de las alternativas mediante técnicas semejantes a la ponderación.

Estas buscan que aprendamos a tomar decisiones, ante tantas voces que escuchamos, pues en la vida nos vemos presionados ante muchas alternativas, posibilidades, ofrecimientos, y por supuesto nos confundimos cuando no podemos sino escoger una de ellas y ella implica **sacrificios.**

¿Qué debemos hacer?, entonces es cuando nos toca **sopesar,** es decir establecer los pesos de cada posibilidad, determinar el **grado de favorabilidad** respectos de las otras, el peso de los sacrificios, los **niveles de beneficios** respectos de los de **sacrificios**.

Siempre habrá personas que nos estarán diciendo que nos equivocamos, que mejor debió hacerse esto o aquello, o que nos rezongaran que fue una metida de pata.

Para ello debemos aplicar sencillos procedimientos que nos ayudarán a encontrar la satisfacción y paz interior, que nos confirmara que hemos puesto nuestro mejor esfuerzo, para tomar la decisión más conveniente, aunque parezca un poco extraño para muchos.

En la técnica de escoger la mejor alternativa por medio de la ponderación se realiza mediante los siguientes pasos cuales son:

1. Registrar las alternativas disponibles.
Ello significa que anotaremos todas las posibilidades a escoger, pues al enfrentar una decisión hay varias posibilidades. El problema es determinar la mejor de todas. Elegir una en vez de otra, siempre acarreara sacrificios y beneficios.

Se describen todas las alternativas con sus bondades y problemas. Para ello hemos de separar con claridad cada posibilidad, con sus puntos fuertes y sus inconvenientes.

2. Se enfrentan o comparan entre sí:
Por eliminación simple se dejan las más favorables, preferiblemente 3 o 2 y una vez escogidas las más sobresalientes y de mayor peso se procede a tabular.

3. Se tabula:
Se diseña el cuadro donde se han de han de colocar las alternativas finales a ser comparadas y ponderadas.

4. Comparar las alternativas:
Mediante preguntas sobre: que, como, cuando, donde, quienes, cuanto y porque. Es decir medir los efectos ante cada pregunta. Si son buenos ponderarlos de 1 a 100 y si son malos ponderarlos también de 1 a 100 y llevarlos a la columna correspondiente como beneficios (Puntos +) o sacrificios (Puntos-).

Enfrentar una decisión respecto de las otras, significa que la ponderamos en cuanto a sus beneficios, pero conforme a cada condición, o pregunta básica la cual busca que se le dé el análisis lo más completo posible.

5. Ponderar cada alternativa:
Es asignarle los puntos + que a nuestro juicio favorecen o en su defecto perjudican, caso en el cual son -, y de la misma forma hacerlo con cada alternativa. Es posible que ello, pueda implicar problemas o puntos negativos en unos casos en tanto que en las otras alternativas podrían ser positivas.

6. Consolidar los puntajes:
Es la tarea que se hace de sumar las columnas de +/- de cada alternativa, y después obtener el neto por cada alternativa.

7. Escoger la de mayor puntuación:
Ello significa que la que en neto halla resultado con mayor saldo neto o menor efecto negativo, será la decisión a tomar antes de decidirnos a simple vista.

Recordemos:

1. Establecer todas las posibilidades o caminos.

2. Eliminar las más débiles y dejar 2 o 3.

3. Tabular en Excel según el modelo referido en el modelo la tabla 1 *Pag. 41*

Definir los efectos según lineamientos a cuestionar en cada alternativa según las preguntas básicas.

5. La valoración, ponderación, o sopesar, que consiste en dar un valor o calificación de 1 a 100 puntos a medida que vamos planteando los que bondades contrae según el caso - Si son varios, han de colocarse todos los elementos del que se puedan encontrar, los cómo se afectan según x o y circunstancia, los cuándo se han de suceder y sus efectos, los donde se han de realizar los efectos, los quienes resultan afectados y por último las justificaciones.

Ponderamos de uno a 100 el peso de cada beneficio o sacrificio. En los lados izquierdo o derecho respectivamente.

6. Consolidar los puntajes es sumar los puntos +/- de cada columna y establecer el neto de puntuación por alternativa.

7. Una vez logramos ponderar todos los puntos buenos y malos, sumamos y determinamos el total.

Escogeremos o rechazaremos efectivamente cuál de las alternativas inclina más la balanza respecto de las otras.

6.3. Ejercicio para reafirmar entendimiento:

Veamos un ejemplo de qué hacer ante las alternativas: de comprar, alquilar o no hacerlo de un vehículo adicional para la microempresa.

Análisis de alternativas en solución de transportes

a) Para ello analizamos las alternativas disponibles.

- Comprar vehículo
- Arrendar vehículo
- Extender horario del servicio con el actual, es decir no comprar.
- Pedir prestado a vecino el vehículo cada vez que necesitamos.
- Llamar a los clientes para que recojan las mercancías.

b) Descartamos las alternativas 4 y 5 y dejamos para el análisis la 1ª, 2 y 3

c) Tabulamos
Se presentan los nombres de las alternativas en las primeras filas al lado derecho.

En las columnas A los Ítem y en la B los Elementos de valoración y se formulan las preguntas con sus lineamientos o posibles efectos.

d) Establecemos los efectos según las preguntas.

En las columnas siguientes se consideran los puntos fuertes y negativos de cada caso, el efecto en el entorno, los costos adicionales, las justificaciones, los afectados, etc. Una forma más segura es considerar las preguntas básicas del: que, como, cuando, donde, quienes, cuanto, y por qué.

- **Que cosas positivas**
  - Se puede mejorar el mercadeo en un 10%.
  - Se dispone de una posibilidad adicional para atender problemas.

- **Que cosas negativas se dan**
  - Implica un nuevo conductor
  - Los costos de mantenimiento son altos.

- Hay que destinar capital de trabajo importante para el pago de la cuota inicial.

- **Como nos afecta:**
  - Se puede utilizar para suplir necesidades del departamento de compras.
  - Puede haber una respuesta más rápida para algunas diligencias de otras secciones.
  - Los costos son deducibles de renta e IVA en su totalidad.

- **Cuando se ha de comprar**
  - Se adquiere en este mes para lograr mejor precio.
  - Entre más pronto se compre se obtienen resultados en atención clientes.

- **Cuánto vale cada alternativa:**
  - Se debe adquirir con deuda, dado que no hay capital de trabajo para comprar.
  - Los costos de alquiler hay que cancelarlos anticipados.
  - No hacer nada implica pagar horas extras y no hacer entregas oportunas.

- **Donde se realizan:**
  - No aplica.

- **Quienes se benefician,**
  - Los clientes reciben más rápido.
  - Los empleados de despachos, no requieren trabajar extras.

- **Por qué se debe hacer**
  - La expansión empresarial prima
  - Los beneficios económicos son mayores en 20% que continuar alquilando un vehículo, o seguir como estaban.

Modelo Tabla 1
Análisis de alternativas por ponderación

		Alternativa 1		Alternativa 2		Alternativa 3	
Ítem	Elementos de valoración	+	-	+	-	+	-
1	Que cosas ofrece y sacrifica						
2	Como afecta a l grupo						
3	Cuánto vale la ejecución						
4	Donde se realizara						
5	Quienes han de ejecutarla						
6	Cuando se ha de ejecutar						
7	Porque se ha de ejecutar						

5. Una vez ya tenemos tabulada la hoja de valoración, procedemos a realizar la puntuación, considerando que los puntos positivos pueden afectar a una o dos alternativas, o como negativos a las otras alternativas.

En nuestro caso colocamos efectos positivos en comprar y alquilar unas de las situaciones y con efectos negativos el no comprar y de igual forma otros casos el no comprar recibe puntos por no mantenimientos, etc.

Aunque este es un ejemplo sencillo cada alternativa tiene sus puntos de vista positivos y negativos, lo importante está en la valoración de los efectos que aprendamos a darle.

Análisis de alternativas por ponderación

Ítem	Elementos de valoración	Alternativa 1		Alternativa 2		Alternativa 3	
		+	-	+	-	+	-
	Qué cosas ofrece y sacrifica	Comprar		Alquilar		No comprar	
1	Mejora en 10% mercadeo	100		100		100	
2	Dispone de un recurso adicional	30		30		30	
3	Implica un nuevo conductor		70		70	70	
4	Los costos de mant. vehículo		70		70	70	
5	Se requieren $10,000,000 para Cuota Inicial		60			60	
6	Sirve en otras secciones de la empresa	60		60		60	
7	Respuesta rápida en emergencias	60		60		60	
8	Deducción de costos IVA y renta	70		60			
9	Logro de precios antes de alza	70					
10	Los costos alquiler van anticipados				80		
11	Hay sobrecostos por extras						60

12	Los clientes reciben rápido	60		60		60
13	Despachos no adiciona jornada	40		40		40
14	La empresa mejora patrimonio	60				
15	Los beneficios son 20 % mayores	100		100		100
	Totales	650	200	510	220	200	510
	Neto	450		290		-310	

6. Al observar los resultados nos damos cuenta que la alternativa comprar ofrece un saldo positivo de 450, superior al que ofrece por alquilar cual es de 290 y la de no comprar refleja comparativamente una desventaja de -310.

7. Escoger alternativa 1 de comprar.

6.4. Aparecen nuevos métodos para ayudar a resolver los problemas:

La calidad total, la reingeniería, y otros métodos de gestión como los de valoración de desempeño, aparecen en el mercado y siguen apareciendo más y más, solo que algunos son para impulsar el autoestima, motivacionales, de emprendimiento, de comparación de logros realizados, etc.

La calidad total busca la satisfacción de los clientes e individual de los actores. La perfección en los productos a vender y las oportunidades de trabajo. El producto satisface las necesidades demandadas y los procesos se manejan mejor, mediante la motivación y formas de control.

La Reingeniería procura prescindir de los modelos de procesos existentes para cuestionarlos y mejorarlos o cambiarlos definitivamente. Es un trato de cambio radical. Es cuestionar constantemente los procesos, para reemplazarlos por mejores.

La Reingeniería de procesos productivos BPR invita a abandonar lo que existe y cambiar en bien de los clientes, por causa de la alta competencia y las continuas innovaciones.

Los indicadores de gestión valoran el desempeño obtenido gracias a los estándares de medición obtenidos, los cuales han de estar en continua modificación.

Los anteriores modelos son buenísimas herramientas, para aplicar en los procesos de producción que buscan mejorar la calidad, el permanecer con competitividad, en mantener los procesos productivos vigentes, sin embargo difieren del método Roer 7 x 4 porque éste está hecho para resolver problemas puntuales, de inmediato, no para esperar largos procesos, sino para atacar un problema de fondo existente, y el cual se requiere enfrentar sin dilación. Es algo muy específico, algo que pretende que se haga antes de ya.

Conclusiones:

1. El método Roer 7 x 4 se crea para ayudar a resolver problemas puntuales mediante un derrotero y se diferencia de los métodos de calidad, etc., en que ellos son para realizar cambios complejos, en cambio éste se usa para hacer los cambios prontamente.
2. El método ROER 7x4, es una forma de enfocarse, para resolver problemas, no es un programa para motivar, buscar culpables, conocer variaciones, etc., es simplemente un derrotero seguro basado en la cooperación de la búsqueda de solución a los problemas existentes, es enfrentar el miedo, es roer las rocas de las barreras y superarlas con la ayuda de todos, en el tiempo preciso antes de que se vuelvan inmanejables, pero con la motivación que resulta del premiar con justicia por lo bueno y castigar por lo malo, haciendo que las soluciones se vuelvan estándares y trazando caminos a los que vienen después.
3. Es dejar un legado honorable, porque es la construcción de puentes a los que vienen atrás.

7

Objetivos principales del método ROER 7 X 4

Lograr con el método **ROER 7*4** la posibilidad de ir un poco más allá de la tradición, es algo que en tiempos de confusión, hay que replantear mediante:

A   El hacer uso de las **premisas:** Observación, escuchar y pedir orientación a quien lo sabe.

B   La aplicación de las **fases,**

C   Resolver las **preguntas básicas**

D   Hacer las **tareas** a cumplir por cada etapa o fase.

Esto nos indica que muchas veces es preciso ir un poco más allá de la evaluación tradicional, pues nuestras complejas decisiones se han de tomar en común acuerdo con más argumentos de valoración, análisis y por supuesto parámetros de comparación que las que obtenemos por los métodos de votación.

Esta técnica madura las ideas, las lleva a convertir en formas propias de actuar y nuestras decisiones se convierten en estándares, para mejorar cotidianamente.

Beneficios de aplicarlo:

Si todos ganan, es progreso, si todos pierden es una motivación para evitar las rutinas de la mediocridad en que se cae, cuando no hay perspectivas para la superación permanente.

Conclusión:

El método Roer 7*4 busca mediante un derrotero resolver grandes, medianos y pequeños problemas, pues está diseñado para destrozar paradigmas y vicios, con la participación de gestores y actores.

8

Justificación del método ROER 7 X 4

¿Por qué lo debemos aplicar?:

Porque es una técnica sencilla, conocida en parte, y además práctica al aplicar, de recordar en la vida laboral, educativa, y familiar. Quizás son formas de romper cadenas: de robos continuados, enfermedades de indiferencia y desánimos; es un practico método de motivación a nivel de grupo e individual.

Se tiene la certeza de que al aplicarlo, lo más malo que nos puede ocurrir es que nos vaya bien.

Cuando nos cansamos de no hacer nada, lo mínimo que nos ocurre es que yéndonos bien, nos va mal. Es evitar que se repita: "lo que paso, paso, porque no se hizo lo que se debió".

Conclusión:

El método Roer se diseña para ayudar al empresario, al trabajador, al grupo de trabajo para ser más productivos, eficientes, alcanzar la perfección, lograr la excelencia entre todos, y ante todo dar procedimientos lógicos, para enfrentar todos los problemas.

9

Lo debemos convertir en algo amigable.

Cuando interactuamos con otras personas tenemos varios caminos o hacer de las cosas algo aburrido, estresante, o incluso desmotivante. Si lo llevamos a que se convierta en hacer las tareas como sanas competencias, se vuelve agradable y puede ser como jugar en medio del trabajo.

¿Por qué dice que es como jugar?

1. Muchos vimos cómo fueron derrotados los fantásticos del Barca y los llamados galácticos del Real Madrid, porque se impuso **una filosofía que no importa el rival**, sino lo que piensas que se puede y debe hacer.

2. Siempre se puede vencer así existan enfrente los Goliats y se implemente una actitud de cambio. Se contó con los veteranos Robben, Ribery y el joven Muller. Pero todo era ser más que los fantásticos y lo lograron. Cada persona ocupa una posición.

   Es **una cuestión de juego colectivo**, donde se triangula para salvar los obstáculos cuando las defensas son muy cerradas, donde se dribla a derecha o izquierda para buscar el espacio y seguir la marcha frente al arco enemigo con la mayor velocidad efectiva o buscar el pase a quien este desmarcado y en posición apropiada. Es recordar que hay que llegar con tus delanteros a pisar el área enemiga acompañando a los Falcaos, Messis, o Ronaldos, o los delanteros alemanes, o quien quiera que sea, pues así hay más oportunidades de éxito para todos.

   Es una cuestión didáctica: No permitir que el globo se caiga.

3. **En esta filosofía de trabajo no se deben reprocesar a la primera, sino se investigan las causas.** Es evitar devolver y si se tiene que hacer es para rearmar, y no tan largo y al portero, que te rechiflen. Es pisar el área chica para el cabezazo con la frente y al piso preferiblemente y no con la coronilla. Es asegurar siempre la bola, pues en tanto que no la tienes tu arriesgas a que te contragolpeen.

4. **No se trata de trabajar por trabajar.** No es un juego para mandar el pelotazo de la suerte, ni tampoco jugar hacia atrás como muchas veces hacen algunos perdiendo espacios ganados, tiempo, dando oportunidades al contrincante que se rearme, es jugar, claro, bonito, buscando el balón y no el

cuerpo contrario, es ser consciente que es al balón al que darle el golpe y no al jugador contrario, pues los jugadores contrarios al patearlos no se impulsan y si se introducen en el arco y si pasara no cuentan como gol; solo cuenta es las veces que metas la bola en el arco contrario. Es practicar juego efectivo, es divertirse jugando y no peleando, como si fuera la última oportunidad de la vida. Es agradando, disfrutando, haciéndolo bien y transparente, y no burlarse del contrario, pues ello lo motiva a jugar con más entereza, y ellos también merecen ganar y tu respeto.

5. **Es una cuestión de actitud, convirtiendo en aptos a los que se muestren incapaces.** Es ser honesto, con la afición, el rival, el equipo, con los tuyos y sobre todo con uno mismo.

Conclusión:

Es algo que debe convencer a todos de la necesidad de estar integrados, de los logros que se obtienen, de persuadir a que jueguen juntos para bien de todos.

Es igual que jugar como Messi o Ronaldo Cristiano o incluso como Falcao, o con la velocidad de Ribery, Muller o Robben. Si efectivamente aplica, ya que es como tomar de cada uno de los seis, las fortalezas de ellos, solo que tomamos la habilidad para regatear o driblar y buscar los espacios de Messi, la fortaleza para patear y contundencia de Cristiano Ronaldo y la habilidad de Falcao, para ubicarse en el sitio preciso, haciendo uso de sus dos piernas, cabeza o cualquier parte del cuerpo para impulsar la pelota a pesar de las incomodidades del rival, pero incluso la explosión, rapidez y versatilidad de los alemanes.

10

Una forma de establecer sanas compe-tencias contra la indiferencia para estimular los sentidos.

¿Por qué se premia?:

- **Porque las buenas ideas y aportes son premiados por el proceso intelectual ejecutado tanto a nivel de grupo o como individual.** Al nivel de grupo para invitar: al indiferente, al crítico pasivo y activo, para que se revelen los sentimientos de sinceridad de los actores, perfilando mejores líderes, desintegrando los motivos de los que son parte del problema e invitándolos a ser parte de la solución. También son maneras de reconocer el esfuerzo, colaboración, sentido de pertenencia, voluntad para progresar, participar de los resultados tanto positivos como negativos. Se establecen tablas de ponderación y los premios se estudian de acuerdo a sus necesidades, descansos, oportunidades de estudio, acumulación de puntos para préstamos, beneficios específicos, etc.

- Es una forma de estimular para que: las cosas que hay que hacer entre todos, salgan más rápido, más perfectas, se superen los obstáculos de la desinformación, resentimientos, se perfeccionen los estándares de trabajo en cuanto cantidad, calidad, tiempos.

El rendimiento individual también se resalta, pues de lo contrario seriamos injustos de valorar y premiar a quien da su mejor esfuerzo.

¿Por qué se castiga o se disciplina?:

Se rebajan puntos por las jugadas malas, por los desastres provocados, por la indiferencia, y se consiguen menos devoluciones, menos errores, menos posibilidades de reprocesos (disciplina), pues los mismos compañeros estarán vigilantes, para ayudar a evitar conflictos, ya que ello les multiplicara sus reprobaciones de grupo, afectando las oportunidades de progreso mejora personal y familiar. No olvides siempre el respeto y la consideración al procurar la persuasión.

Cuando se establecen estándares y se superaron en la solución de problemas y rebasan las metas, hay que premiar, pero si estamos por debajo de los estándares, hay razones para castigar, ya sea quitando puntos de derechos a días de descanso remunerado no obligatorios, o reducir los puntos acumulados para premios.

Conclusiones:

* Se premia porque si hay un esfuerzo adicional, debe haber una recompensa, pues si solo gana o se beneficia la empresa, lo que hacemos es sepultar la buena voluntad que pueda haber para hacer las cosas mejor que bien.
* Se castiga (disciplina), pues si no se mantienen despiertos los sentidos, se puede caer fácilmente en la mediocridad, que es lo que sucede cuando las rutinas se vuelven el común denominador.

11

Fundamentos que implican la nueva actitud para el cambio.

Ahora veamos el método o enfoque en detalle:

11.1 Comenzamos con las **premisas: OEP**, las cuales nos indican Observar, escuchar y pedir.

Porque se involucran estas palabras:

Analogía 5.

Al **observar** un árbol lo podemos hacer en la madrugada, al calor del medio día, al atardecer e incluso en la noche. Cada momento trae su condición, su brillo, su expresión es diferente, y su oportunidad de usarlo y nos pueden suceder cosas diferentes, por ello tomar impresiones distintas:

- En el amanecer podemos notar aún el roció en sus hojas.

- Al medio día podemos observar su magnificencia, para protegernos del calor.

- Al atardecer quizás nos sintamos motivados a descansar después de un día agitado.

- En la noche nos puedan: robar o ensuciar un pájaro.

- Cosas distintas han de pasar, y nuestras percepciones lo son también, por lo tanto al observar hay que hacerlo en los cuatro momentos, no sea que nuestra idea sea distorsionada conforme a lo que nos suceda o nuestras experiencias transitorias.

Ese mismo árbol también podría cambiar de condición en las estaciones:

- Si lo observamos en verano lo tendremos en su máximo esplendor, cuando al calor del día resulta motivante protegerse de los rayos del sol.

- Si lo observamos en otoño sus hojas comienzan a caer, y las personas que barren los contornos, sí que han de protestar, pues les representan un trabajo bastante tedioso.

- Si lo observamos en invierno tal árbol ha dejado su vestido, fulgor, esplendor, y se ha convertido en un chamizo, el cual quizás reflejará la miseria y pobreza, pues ni los pájaros se protegerán allí en la noche.

Si lo observamos en la primavera, el mismo árbol comienza a brotar nuevas hojas que al final de la estación mostrara en un esplendor total, un nuevo reverdecer que junto a las flores del entorno deleita las vistas, y nos motiva a dar gracias al Creador.

Conclusión:

Por ello hay que observar, pues nuestras opiniones estarán condicionadas a las circunstancias, tiempos, espacios, y cuidados. Sea pues este un llamado de atención para no opinar a primera vista.

Si se trata de **escuchar**, este ejercicio hay que hacerlo correctamente, pues a veces solo oímos, y es diferente a escuchar:

En acústica la frecuencia de las ondas sonoras se mide por ciclos por segundo y se expresan como Hz. Diremos que hay sonidos graves y agudos.

Los bajos o vibraciones lentas son graves y los más altos son vibraciones rápidas y son agudos.

Las presiones acústicas, la intensidad y las potencias pueden variar, sin embargo lo que hace la diferencia es que estos se conviertan en lenguajes **entendibles** y además **perceptibles** por la atención, además sean **interpretados**, por la mente.

Los sonidos pueden ser **oídos**, pero cuando estos no interesan viajan como frecuencias, presiones acústicas, intensidades y potencias acústicas que no son leídas ni interpretadas, pues no se les coloca la atención, ni el interés.

Conclusiones:

1. **Escuchar** es cuando las palabras, sonidos, ruidos, etc. son diferenciados, en: tonos, intensidades, procedencias, llegan a la mente, son interpretados, comprendidas, y a la vez se convierten en ideas, respuestas, etc.

2. También recordamos que los decibelios se usan para comparar las presiones sonoras en el aire, pero aunque penetren el oído, con sus decibeles e intensidades, presiones, y potencias solo interesan cuando estos son **asimilados por la mente**, por ello **es diferente oír a ser escuchado**.

La tercera premisa es **pedir a quien lo sabe**, consiste en que cuando hay problemas fuera de nuestro alcance o nuestra capacidad, podemos hacer uso del recurso de iniciar una búsqueda de alguien que nos oriente.

Por ello no hay que ruborizarse, para ello está el internet, los diccionarios, la investigación científica, es la oportunidad para llenar de información la mente, trayendo con ello claridad, percepciones completas, y por supuesto ante el conocimiento las verdades serán nuestro mejor aliado, ya que entenderemos el funcionamiento natural de las cosas. El pedir apoyo es entonces iniciar la búsqueda entre lo escrito o lo experimentado por alguien para obtener orientación.

Nota: Una magnifica alternativa es entablar una comunicación reverente con Dios en la que damos gracias (por lo que recibimos) y pedimos bendiciones al Padre celestial en nombre de Jesucristo en voz alta o en silencio.

En esta comunicación expresamos nuestras necesidades a fin de buscar, apoyo, ideas, entendimiento, fuerza, etc., siempre que sean justas, y estas llegaran y se recibirán en el tiempo del señor, según su voluntad y nuestro merecimiento. (Juan 14:13-14, pues dice: Y todo lo que pidieres al Padre en mí nombre, esto hare, para que el Padre sea glorificado en el hijo. Si algo pidiereis en mi nombre, yo lo haré.)

Cuando lo hagáis no recéis, sino que oréis pues tus comunicaciones deben ser frases del corazón y no vanas repeticiones, a fin de que sean escuchadas (Alma 37:37).

Consulta al señor en todos tus hechos, y él te dirigirá para bien; Gen: 24:10-19.

Santiago 1:5 Y si alguno de vosotros tiene falta de sabiduría, pídala a Dios, quien da a todos abundantemente y sin reproche, y le será dada.

Después de ello de seguro vendrán: revelaciones expresadas en sentimientos, sueños, ideas, pensamientos, etc. He allí las respuestas no se tardaran mucho. Lo testifico porque lo sé, en el nombre de Jesucristo Amén.

Conclusiones:

1. *La posibilidad de pedir orientación a alguien que sepa del tema, sino hay claridad es importante, llenarse de información coherente, sea esta por la investigación, la búsqueda de los que conocen y se desenvuelven en el tema.*

2. *Siempre hay posibilidades de tener mayor éxito si buscamos a nuestro Padre Celestial. En ello no quedaremos defraudados.*

11.2 En la **II** parte de este método utilizamos cuatro fases o etapas, las cuales se resumen como: Reconocer, Organizar, Emprender y Retroalimentar. Cada una de estas fases comprende 4 tareas.

• En un principio dimos a conocer las etapas o fases como algo no secuencial, sin embargo estas fases rigurosamente guardan el orden establecido en el término ROER, es decir la letra R primero de **Reconocer**, pues hay que identificar los problemas, admitir la existencia, estudiarlos, escribir las nuevas ideas, y escoger quienes han de diseñar la solución discutirlos y estudiarlos en toda su magnitud. Ello implica entonces cuatro tareas a saber: **m**editar, **e**studiar, **e**scribir ideas, y **e**scoger los que estén más capacitados para el diseño de soluciones

• Una vez se tiene claridad de ello, se debe entrar en la fase de **organizar** un plan de acción para resolverlos mediante la elección de la comisión que los va a profundizar, descomponiéndolos, en todas sus partes y en cada una de ellas atacar las falencias por medio de la ciencia, la experiencia, la investigación profunda, sin dar oportunidad a las dudas, a la simplicidad, o algo vago, sino que debe existir la certeza del conocimiento de las verdades. Ya no es tiempo de creer, sino de saber, y la comisión de trabajo tiene esa responsabilidad, pues sobre sus hombros está el peso de saber que hay que conocer el norte, los riesgos, las limitaciones, no es para improvisar, de jugar a la suerte, sino de velocidad y exactitud. Esta fase se compone de cuatro tareas en su orden: **e**studiar, **s**imular, **s**istematizar y por último **i**nformar.

• Una vez se han completado las fases de Reconocer y Organizar, debemos prontamente pasar a la tercera fase cual es la de **Emprender**, pues identificado el problema, estudiada la solución, se debe emprender o ejecutar la solución, sin dilación, sin temor, ni oportunidades para esperar al después, pues no es cosa de futuro, sino del presente próximo, y por lo tanto no debe pensarse en el después, hay que proveerse de los elementos, estudiar el mapa, el derrotero planteado, aplicar los métodos de acción. Los que cosas que debemos tener para llevar a efecto el emprendimiento, el plan de acción, definidos: los que, los cómo, los cuándo, escogidos los actores o quienes, establecidos los donde, resueltos los cuantos y justificados los porque hacer las cosas de esta o aquella forma, con su plan B y C, pues no hay oportunidad a retroceder o abortar. Es sí o sí. Es arrancar, poner en marcha. Las acciones están resumidas en cuatro (4) tareas secuenciales: **i**nterpretar, **i**niciar, **i**ntegrar, **a**justar.

- Ejecutadas las tareas anteriores, pasaremos a la fase de **retroalimentación**, pues finalizada la tarea de ejecución, rápidamente hay que sacar las conclusiones, evaluar, las dificultades, hacer los ajustes en los patrones o estándares recibidos y comparar para determinar las desviaciones y realizar los ajustes a los estándares si amerita. Se resumen las acciones en cuatro tareas: **a**nálisis finales, **a**ctualizar, **s**onreír y **s**tandarizar.

Conclusión:

1. La palabra Roer es la que indica las fases del proceso. Reconocer R. Organizar O, emprender E y por ultimo retroalimentar R. Siempre en estricto orden secuencial.

2. La secuencia es indispensable en la aplicación del método. Cada fase la componen cuatro tareas que guardan órdenes secuenciales lógicos.

11-3 La III parte del método son las tareas y se encuentran desarrolladas a medida que se presentan las fases. Con la primera letra de las palabras correspondientes a las **tareas** en orden secuencial de las **fases,** resulta el derrotero o **plan de acción.** Es decir a cada fase le corresponden 4 tareas: a reconocer **meee**; a organizar **essi**; a emprender **iiia** y a retroalimentar **aass**

Hemos formado la palabra **MEEE/ESSI/IIIA/AASS**

¿Significa algo MEEE/ESSI/IIIA/AASS?

Por supuesto que sí, es la clave de todo el programa de acción.

¿Significa o se relaciona con el jugador Messi?

En absoluto, pero si se logra homologar califica, pues él juega bien, y al igual que todos, eventualmente se puede equivocar, pero siempre hay opciones para mejorar.

¿Significa algo con el Mesías?

Por supuesto que tampoco, pues ese es un nombre demasiado grande para utilizarlo en cosas de negocios, sin embargo vale la pena resaltar que coadyuva a lograr los objetivos, pues la tercera premisa invita a preguntar y pedir orientación, para que se cristalicen objetivos.

También hay la alternativa de pedir revelación, esto para el que cree y desea poner en marcha ese derecho. Recuerde que en todas las fases y tareas si amerita se puede hacer uso de: **Observar, escuchar y pedir** o buscar **orientación** del que lo sabe.

Desarrollemos el tema descomponiendo la palabra **MEEE/ESSI/IIIA/AASS por fases y tareas:**

1. Etapa de **Reconocer:**
Es **observar** el funcionamiento actual para enderezar, encarrilar, ajustar, mediante el aceptar que anda algo mal, y no es para esconder detrás de la puerta, sino sacarlo a la luz para resolverlo.

Estudiaremos las letras **MEEE**.

Los gestores y responsables de liderar e identificar han de reunirse para observar, escuchar y poner en marcha los análisis previos con las herramientas sugeridas.

La primera letra **M** recuerda **Meditar** cada problema, y no a la ligera opinar, sino conectar el cerebro antes de hablar, pues esta situación se presenta a todos, y cuando no lo hago, los resultados nunca serán los esperados.

La segunda letra es **E** de **escribir** las ideas. Estas se transcriben y se escogen las que apliquen a esa oportunidad. Muchas contienen las soluciones o el camino a recorrer.

La siguiente **E** es **estudiar** a conciencia mediante la investigación científica y de otras experiencias. Cada asunto se ha de profundizar mediante la investigación a conciencia que nos permita una fuente de información más acertada y profunda, enriqueciendo lo conceptuado previamente.

La letra siguiente también es **E** y se aplica a **Escoger** una de las varias alternativas de solución de problemas estudiadas. Tan pronto nos hemos dado a la tarea, de investigar las ideas se han aclarado, y así se escogen y se filtran las posibilidades.

Al final de esta fase se supone que hay necesidad de nombrar una comisión, para que investiguen a profundidad todos los factores, elementos, ingredientes que conforman el problema detectado, escrito, estudiado, y escogido como la fuente de información a resolver de manera científica y por supuesto perfilada. Esta comisión tiene la responsabilidad de profundizar, es decir analizan las raíces de cada caso encomendado.

2. Entramos a la etapa **organizar**:

Las iniciales de las palabras a explicar son **ESSI**

Se inicia esta fase con la **E** de **estudiar**, pues hay que leer los documentos recibidos y encomendados y profundizar más. Para organizar hay que conocer lo que se piensa implementar, y para ello hay que investigar en detalle con las preguntas básicas. La comisión previamente procede a estudiar los materiales recibidos de la etapa o fase I, y retoma el estudio con otras variantes, con más amplitud, con otros ángulos, pues hay necesidad de conocer más, si, mucho más.

La **S** es porque la palabra **Simulación** entra en juego; recuerda la conversión de lo escrito y visualizado en la mente, pero en mapa de borrador. Lo discutido y definido en la primera fase, como encomendado para aplicar, se ha estudiado con más conciencia y de allí se le han de trazar mapas, esquemas, diagramas de Pert, Gantt, diagramas de flujo, organigramas, o tal vez hojas de vuelo, pues se trata es de llevar las ideas a la comprensión gráfica, resaltando los eventos, las jerarquías, relaciones, direcciones, retroalimentaciones, esperas, cambios, decisiones, conectores. Todo lo anterior, para que a la vista se sepan las direcciones, los obstáculos, las esperas, los conductos, se perciban parcialmente las distancias, los tiempos posibles, etc.

La etapa de organizar o estructurar no quedaría completa si al final de estudiar, simular no se llevara a **sistematizar.** No siempre aplica el llevar la simulación o borrador del mapa a la sistematización. Al llevar a un computador, facilita la edición, reproducción, la diagramación, la complejidad de los pasos se estudian paso a paso, y en los sistemas hay muchas herramientas que facilitan el trabajo, donde ya el mapa en papel lo llevamos a la S de sistematizar; pues al convertir en el computador se obtienen las: formas, plantillas, software, macros, **etc.,** todo lo planeado tanto en verso como en mapa, pero buscando las **variables** confluyentes. Aquí, ya en serio se analizan con exactitud: los tiempos, cantidades, las distancias, las fuerzas, las tensiones, las elongaciones, los Quántum, las direcciones exactas, las convergencias, intersecciones, entran las matemáticas a funcionar, ya no es cosa de imaginar, simular, sino la hora de la exactitud, de determinar los colores, sabores, olores, ya es la cosa precisa, como si estuviera en la Nasa.

Así de simple. Por último en esta fase se ha de cumplir la tarea de **Informar**. Se reportaran los resultados con los detalles a considerar listos, para ejecutar, por ello la letra **I** de Informar; pues todo lo que no se divulgue con claridad, entre los gestores, o actores será oportunidad para malos entendidos. En esta tarea se ha de divulgar lo planeado, entre los interesados, y a ellos se les da la oportunidad de que confirmen su comprensión, y aprobación, para con sus firmas como prueba de que es aprobado y definido.

3- Emprendimiento es la fase siguiente:

Ahora nos ocuparemos de las letras **IIIA**

Al igual que las otras dos fases, esta implica tareas a cumplir, pues han de ejecutarse posiblemente, por parte de personas diferentes a las que estudiaron, simularon, sistematizaron y divulgaron el problema, pero generalmente parte del equipo ejecutor es una pieza fundamental del que hizo los análisis de organizar, es decir participaron en la etapa anterior de organizar. Ello trae como consecuencia sana que hay dentro del equipo de ejecución claridad con lo pretendido.

La letra **I** de **interpretar,** pues las personas que han de ejecutar el trabajo, deben entender las tareas que se han de hacer en cada proceso. Si los que van actuar no terminan de interpretar cada asignación, estarán expuestos a errores y por lo tanto esta tarea es previa a las demás tareas antes de iniciar.
Los mapas sistematizados y las instrucciones o técnicas definidas han de ser sometidos a la interpretación de los actuantes, y por parte de ellos es la oportunidad para indagar y saber con claridad sin ambigüedades, ni mucho menos posibilidades a malas interpretaciones.

La **I** indica que hay que **iniciar**, emprender el trabajo, poner el plan en acción, las fechas, horas de lo programado, las herramientas han de estar dispuestas, se han de localizar los suministros en las cantidades, referencias, espacios y tiempos, establecidos. No hay oportunidad a titubear, pues ya están los planes escritos y sistematizados, cualquier duda debe ser para ampliar la comprensión de lo planeado.

La siguiente tarea se refiere a la **I** de **integración** de materiales, personal, equipos con cantidades, técnicas, tiempos, fuerzas, direcciones, tensiones, etc., unido, en uno. No han de haber ruedas sueltas, personas ni materiales ni excedentes ni faltantes, pues cada cosa debió haberse suplido oportunamente. No es hora de comprar, ni de pedir prestado, ni de mirar a ver si alcanza. La sincronización debe ser el lema empleado. **Integral**, es semejante a contar con todos los factores trabajando unidos, sin que existan posibilidades de interrupciones por causa de partes rotas, pues han de haber previsto cada situación. Se sobrentiende que cobija todo: personas en cantidad, calidad, y preparación. Los equipos y herramientas han de estar lubricados, revisados en perfectas condiciones de funcionamiento, mantenimiento y al tiempo de operación no deben parar, por falta de suministros. Los recursos o materiales tienen que estar a la mano en la cantidad prevista con los elementos susceptibles de recambio dispuestos a la mesa, tiempo, técnicas, materiales, sistemas, etc.

Como todas las cosas siempre debe haber lugar para un plan B, pues para eso se colocan a las personas, para que resuelvan problemas, de lo contrario se colocarían computadores, los cuales solo actúan conforme a lo planeado. Los equipos se bloquean, ante algo no previsto, en tanto que las personas se colocan, para resolver problemas en el evento de que X o Y asunto o que plan no funcione. Una vez más hay necesidad de realizar algunos cambios en el desarrollo de lo programado, pues aunque se cuente con derroteros, mapas, hojas de vuelo, etc., los sistemas generalmente no salen perfectos a la primera vez, y ni siquiera a la segunda, para ello se requiere efectuar ajustes, a los métodos, procedimientos, y para eso hay que dar la posibilidad de que este ejercicio de hacer **Ajustes** durante la marcha se mantenga, y así se mantiene la elasticidad de los procesos ajustando a cambios para mejorar, de tal suerte que la letra **A** esta presente.

4- Retroalimentar: ajustar para se mantengan las mejoras continuas.

Las iniciales de las palabras de las tareas de la última fase **AASS.**

Para que no se pierdan los horizontes, sino que se valore el aprendizaje de las lecciones aprendidas, y por esos ejercicios se saque provecho de las experiencias, se transmitan las experiencias a los que vienen atrás, o se deje un legado, después de la verificación.

Una vez las cosas han sido terminadas a satisfacción se deben hacer algunas pruebas a fin de que las experiencias y el conocimiento se plasme en formatos que mantengan ajustadas las formas de trabajar como mecanismos de acción.

La letra siguiente es la **A de análisis finales**; porque después de terminar los procesos es prudente llevar a cabo una verificación o evaluación de las cosas positivas y negativas vividas. Todo para que se replanteen soluciones, de cara al futuro.

La letra que nos ocupa a continuación es la **A de actualizar**, pues analizadas las experiencias se deben registrar las rutinas con los resultados nuevos, a fin de que sea la misma experiencia de las cosas la que determine las estrategias, para hacer frente a los próximos ejercicios semejantes.

Es decir dejar la historia. Recuerden que la definición de historia es simple, no sé quien la dijo, pero me la enseño mi profesor de Historia en tercero de bachillerato en 1.967 Gabriel Mulek decía: "Historia es la maestra de la vida y la luz de la verdad".

La letra siguiente es la **S** de **sonreí**r, o **smile,** aquí llega la hora de estimular al personal, a los gestores, pues no es comunismo, es simple justicia, es compartir el fruto del progreso con los que le pusieron el pecho a la brisa, es premiar a los gestores del éxito, es nada menos que reconocer o premiar por las buenas jugadas o acciones a quienes pusieron su mejor empeño, en otras palabras: dar a cada culpable de los resultados el precio de su esfuerzo adicional. "Que fue un fracaso"; bueno, allí tienen los castigos por las jugadas malas. Por supuesto que es obligación del trabajador hacer las cosas bien, pero recuerde un refrán: "Por la plata baila el perro", y no debiera ser así, pero las cosas vienen así, y si no se entiende esta realidad, serán oportunidades perdidas que valdrán y contribuirán al adormecimiento, si no se aprovechan y es mejor premiar que sentarse a esperar que nazca la buena voluntad de algunos y esta se enfrente a los disidentes que siempre los habrá encubiertamente.

Recuerde que no necesariamente los premios y castigos pueden ser económicos, pues también pueden ser derechos a un descanso en una tarde, una oportunidad de disfrutar de un día vacacional, o tal vez bonos de algo que le retribuyan al individuo o familia en parte. Aquello que realmente deseen sin que tenga que desembolsar la empresa grandes presupuestos.

En síntesis: dar al participante y artífice o al grupo, la retribución adicional por su esfuerzo adicional, pues deben existir premios y castigos a nivel individual y a nivel de grupo, para no caer en las rutinas, no perder el interés, no cansarse de hacer lo mismo, sino generar formas de mantener los enfoques con altruismo, mantener el interés individual y común de los grupos, haciendo a ellos sus propios vigilantes.

De seguro las expectativas se despiertan, los sentidos se agudizan, para conocer los logros obtenidos, y así se mantiene el interés vigente tanto a actores como a empresarios. Cuando no se comparte el éxito no tiene sentido ni hay interés de cómo van las cosas, no importa el rumbo, ni el destino, ni mucho menos si hay nuevas metas, ya que se pierde una magnífica oportunidad de agradecer recíprocamente los unos por el trabajo y confianza y los otros por dar su mejor esfuerzo.

La última letra es la letra **S** de **Standarizar,** porque, pues aquí se colocan las nuevas metas y desafíos o se consolidan los puntos de referencia, los indicadores de gestión o en otras palabras se modifican los pisos o techos si en realidad amerita, no sea que los pongamos tan inalcanzables por los resultados de una ocasión fortuita, que no estimule los sentidos o motive a los actuantes, sino que se convierta en algo extremo. Los premios deben estar cercanos a lo óptimo, y los castigos deben estar por debajo de la media o normal, y cercanos a la mediocridad, donde incluso se haya perdido, se desaprovechen las oportunidades, se presenten fisuras por irresponsabilidad, descuido, indiferencia, contenciones, paros provocados, etc., todo aquello que produzca desenfreno, actitudes hostiles, palos a la rueda, negativismo, falta de colaboración, perdida de armonía, etc. Por ello la necesidad de mantener actualizados los **Standards** o nuevos patrones de trabajo y medición.

Conclusiones:

* Las fases se componen de 4 tareas diferentes por cada una de ellas.
* Las fases se deben seguir en secuencia lógica, al igual que las tareas también se deben seguir en estricto orden preferiblemente.

11.4. En la IV parte del método están las siete preguntas que se formulan en cada fase y/o tarea solo si aplican estas son: ¿que, como, donde, cuanto, cuando, quienes, por qué?

Las preguntas se emplean dado que permite al programador dar la vuelta completa a cada parte del problema.

Si nos formulamos las preguntas, completas muy seguramente se estudiaran todas las variantes y no quedaran cabos sueltos. No se trata de rellenar, sino que cada pregunta trae su propio efecto. Pues las variables de: conceptos, formas, lugares, cantidades, tiempos, actores, y justificaciones son equivalentes en su orden a: que, como, cuando, donde, cuantos, quienes, y por qué.

12

Es descubrir y apoyarse sin obstinación.

Si se logra que los incrédulos descubran la fuente de apoyo que viene de Dios, habremos logrado uno de nuestros principales objetivos cual es invitarlos a descubrirle. A entender su norte, del porque están aquí y para donde van. En realidad el método funciona a la perfección sin que usemos esta parte, sin embargo, dado que mi mejor fuente de apoyo ha sido a través de la vida este apoyo, lo comparto, pues después no me lo perdonarías.

Por supuesto, lo más importante es el consejo del Maestro a los que deseen escucharlo, Él promete que si hacemos nuestro mejor esfuerzo, si desarrollamos la confianza **fe**, realizamos **cambios** en nuestras actitudes y formas de **actuar**, Él escuchará y apoyará. Al orar así, pedimos lo que es correcto y hacemos posible que Dios nos lo otorgue. (Juan 15:7. "si permanecéis en mí, y mis palabras permanecen en vosotros, pedid todo lo que queráis, y será hecho"), es una promesa condicionada que no falla.

La ayuda es condicionada, porque siempre se hará a la voluntad de Dios, en su tiempo, a su manera, a su condición, pero de seguro trae la oportunidad de saber que Dios está allí para ayudar, que somos sus hijos, que el espera apoyar en las cosas justas, necesarias, y ante todo superar el paso de creer, y avanzar al de saber con certeza de su existencia. De descubrirle y beneficiarse de sus ofrecimientos del conocimiento y sabiduría. Yo lo he hecho miles de veces y otros también, allá el que no quiera ver y seguir ciego a medio día. Lo hacía Albert Einstein, ¿eres tú más sabio que él? Por ello decía que el hombre era más grande cuando sus rodillas estaban cerca del piso.

Anécdota 3. La verdad absoluta escondida entre lo despreciable. De un autor muy conocido por mí.

Un joven recibió la visita de su abuela a casa de sus padres. Una tarde inquirió ella a su nieto: ¿Por qué no tienes la biblia entre tu gran biblioteca? A lo cual él respondió, "ese no es un libro que me interese". Al cabo de dos años; uno de sus patrones le invito a una fiesta en su casa, y durante una charla el patrón le pregunto: Para ti, ¿qué es religión?, el joven con todo el conocimiento acumulado de muchos libros leídos, clases en la universidad sobre sociología, revistas de Pekín informa, China reconstruye, libros de marxismo, el origen de la vida, y muchas otras opiniones y teorías, jocosamente contesto: son mitos y leyendas para mantener al hombre retraído en cosas de los curas. A lo cual su patrón le respondió: "está equivocado". Ante tal respuesta tajante, el joven respondió por segunda vez procurando que esta vez su respuesta satisficiera la inquietud de su jefe: son conceptos de los hombres producto de creencias en cosas que no existen. La respuesta de su jefe no se hizo esperar: "Sigue equivocado". Con un poco de frustración el joven prefirió callar, para no entrar en una conversación inadecuada con alguien a quien respetaba y no deseaba ofender.

Las respuestas taladraron la mente del joven y se propuso investigar por sí mismo, para poder rebatir con más profundidad y para ello decidió leer en lo que creen los cristianos. Una tarde casualmente encontró entre varios libros viejos, uno pequeño que le llamo la atención; por cierto, era un nuevo testamento. Se propuso leerlo para saber lo que contenía y así tener argumentos con que confundir y saber cómo debatir sobre las creencias de quienes sostenían la existencias de seres que nunca había visto y de quienes no creía.

Al cabo de muchas horas de lectura, los escritos cobraron una inusitada fuerza e interés por que lo llevaban a mantener una prolongada lectura.

Después de las jornadas de trabajo y regresar de la universidad a casa y con escasos seis meses de casado y un hogar diferente al paterno, tenía que recorrer largas distancias a pie y abordar dos buses intermunicipales que lo llevaban desde la capital del Quindío hasta Cartago. En el trayecto dormía para recuperar las pocas horas de sueño que disponía. Ello le traía como consecuencia que al llegar a casa a las 24.00 o 01.00 de la mañana, le era difícil conciliar el sueño. Estudiar y cumplir sus deberes académicos era parte de lo que hacía, pues el sueño había huido.

Ocasionalmente su deseo era alejarse de la lectura de tareas de números, ejercicios, o cosas semejantes a no ser que fuera demasiado urgente. Ello lo llevó por años a recorrer los muchos libros de su vasta biblioteca. Fue cuando encontró la oportunidad de tomar por vez primera las escrituras para leerlas y conocer que tanta fanfarria escondía tales páginas. Una vez lo abrió decidió iniciar desde Mateo, y continuo hasta los hechos de los apóstoles.

Durante el proceso de lectura, meditó; hacía un alto en el camino e imaginaba los escenarios. Comenzó a sentir que lo que estaba escrito era verdad y disfrutar tales historias; ya no sentía el deseo de criticar, sino más bien callar. Cada noche iniciaba su lectura entre la 1:00 a 3 o 4:00 a.m., hora en la cual el sueño aparecía. No había angustia por no dormir como otras veces, pues esta vez había paz, y nuevos sentimientos jamás experimentados llenaban su mente. Por varios meses hizo las cosas así. Repitiendo la lectura hasta que sintió el deseo de comprar una biblia. Comenzó por el Génesis hasta llegar al éxodo y al observar que el de Levítico no lo entendía, retomo el nuevo testamento. Prontamente volvió a deleitarse con las palabras y tuvo la impresión de que estas cosas eran ciertas. Jamás había orado en busca de apoyo o ayuda, aunque muchas veces había ido a misas, y repetido oraciones de rosarios, novenarios, en su escuela, como a muchos nos tocaba.

Un buen día estaba en una seria dificultad que marcaría su terminación de curso de IX semestre felizmente, pues las jornadas de viajes en épocas de estudio a Medellín la costa, y Bogotá, a causa de su trabajo impedían atender las obligaciones de asistencia a clases normalmente, pues a menudo se ausentaba entre 10 a 20 días seguidos. Pacto con su profesor de la materia Economía Industrial que lo que obtuviera como calificación del segundo parcial (examen) sería equivalente a la del examen parcial I.

El día del examen llego y se presentó puntualmente como habían acordado. Los demás compañeros de curso después de una discusión con el profesor acordaron que un ejercicio desarrollado en la semana anterior se les homologaría como nota o calificación del II parcial. Ahora ya estaba en serias dificultades, pues no tenía ese ejercicio entregado ante la ausencia por trabajo.

Ante tal difícil evento, se propuso persuadir al profesor para que de todas formas le hiciera el examen acordado. El profesor lo medito, y considero la posibilidad, pero su tiempo no daba, pues ya eran las 8:15 P.M., sin embargo considero hacerlo en su residencia. Lo cual fue aceptado por el alumno.

Al cabo de unos minutos el profesor se encamino con su alumno a su casa que distaba de unos 800 metros y que recorrieron a pie. Ya en esa residencia el profesor invito al joven a sentarse en un escritorio dispuesto en la sala y entrego el examen.

Para sorpresa del alumno los temas de las preguntas no estaban contenidos dentro del material acordado para estudiar y ser examinados. La frustración no se hizo esperar. La confusión se multiplico al enterarse que solo podría contestar el 25% del cuestionario lo cual lo llevaría indefectiblemente a perder el examen, la cual equivaldría al 60% de toda la nota del semestre y así las cosas no tendrían posibilidades ni con el examen final.

Curiosamente jamás éste joven se presentaba a ningún examen sin haber recorrido o estudiado los materiales.

Esta vez algo falló o el profesor no consideró que tales materiales no los habían visto dentro del curso nocturno y tampoco se habían acordado entre el paquete asignado o que tal vez con los estudiantes del diurno era con quienes lo hubieran hecho.

La incapacidad para responder era manifiesta y un frio recorrió el cuerpo del joven, lo cual lo llevo en su desesperación pedir ayuda de los cielos por primera vez en sentido consciente de lo que clamaba, pues muchas veces rezo, y recito oraciones etc., pero jamás por él y mucho menos en suplica tan desesperante.

Al momento de procurar escribir su nombre, temblorosamente pidió ayuda a Dios, quien no le ilumino, pues en su memoria no estaban almacenados los temas y en cambio hizo algo diferente.

Se fue la luz o energía. Era la mejor manera de ayudarle. El supo que había sido escuchado. La luz intento venir, pero el suplico que se fuera del todo y así ocurrió. Ante tal circunstancia el profesor se dispuso a traer unas velas, pero el suplico una vez más poder explicarle que se hacía tarde y quizás el tiempo ya no le daría oportunidad para abordar el ultimo transporte el cual pasaba como a las 9:30 P.M. y luego el de Pereira vía a Cartago, el cual salía a las 11:00. Al procurar pedir ayuda de los cielos por tercera vez consecutiva para que el aceptara esa explicación, el profesor manifestó que lo harían al día siguiente en la oficina a las 10:00, en su despacho de la Caja Agraria en Armenia.

Ante tal propuesta el alumno sintió que podría hacerlo, y así llamaría a la empresa para solicitar ese permiso. Esta propuesta fue una salida efectiva para que el analizara los materiales e investigara en la madrugada. Al día siguiente se presentó al examen; un test diferente, el cual respondió sin dificultades y logro sacar una nota de 3.7. Había meditado durante toda la noche sobre el suceso. Tres veces pidió en forma consecutiva y se había obtenido apoyo inmediato. Ahora sabía que existía un Dios, que ayudaba a sus hijos.

Después de aquel acontecimiento, siguió solicitando ayuda de los cielos en muchas de las cosas que se le presentaron y siempre las obtenía. Con gratitud vivía su vida, pues un nuevo amigo y apoyo tenía. Al cabo de los meses y muchos éxitos, comenzó a sentir el *deseo de hacer cambios en su vida y vivir los principios y normas aprendidos en sus lecturas de las escrituras. Sin embargo no era capaz de cumplir todo aunque se esforzaba.*

Un día, en tanto que dormía tuvo una pesadilla en la cual dos personajes le hablaron e invitaban a cambiar o nunca más recibiría ayuda. Tales personajes eran Jesucristo y el Padre, con vestidos de blanco, quienes le amonestaron para hacer cambios efectivos en la vida. Despertó atónito, sudoroso y muy impresionado.

Al cabo de los meses intento cambiar algunas cosas que hacia mal, pero volvía a lo mismo, hasta que dejo de tener apoyo de los cielos. Se sintió solo, pero ya deseaba cambiar y decidió hacer lo correcto.

Es cuando recibió nuevamente apoyo de los cielos y conoció dos mensajeros que le encaminaron a su Reino Restaurado sobre la tierra. Desde ese entonces ha procurado satisfacer las demandas del Padre, y ha recibido todas la cosas que deseo que eran justas y el señor Dios se las concedió en su momento.

Según él todas las cosas que ha deseado sobre la tierra las ha recibido. Y aun recibe otras en proceso.

Conclusión:

- Queramos o no aceptar, somos hijos de un mismo Padre de los Espíritus.
  Es mejor descubrirlo a tiempo, que tener que hacerlo cuando nuestras posibilidades de se han extinguido.

- El apoyo viene por la oración, y se reconoce por sentimientos, el corazón, guía del Espíritu mediante la oración. Aunque para muchos ello resulte burlesco o imposible, pero los que lo han experimentado, han percibido la calidez de sentimientos y paz interior, por lo tanto nunca falla, a no ser por la incredulidad.

• No nos limitemos pensando en teorías, sino procuremos buscar **las verdades absolutas**, cuales se definen **como el conocimiento de las cosas como lo que eran, lo que son y lo que serán**.

13

Cómo funciona

Al llevar todos los elementos del método a un formato predefinido, podremos encontrar más facilidad para la aplicación de las etapas a ejecutar.

Esto puede ser alterado según los gustos y necesidades, pero recomendamos antes de hacerlo, previamente analice la posible adaptación a sus necesidades.

Lo primero es **observar, escuchar**, no cerrar las ventanas para enconcharse, **sino abrir la mente** para **percibir las verdades**, partiendo de la duda cuando se nos insinúa o comenta algo y de allí iniciar el proceso **investigativo.**

Por ello antes de todo es estar atentos a los indicadores de ruidos, sugerencias, quejas, observaciones y movimientos, escuchar y no oír simplemente.

Hemos capturado la información de todo EL método **ROER** 7X4 y transcrito en forma secuencial, en la Hoja No. 1, que detalla todos los elementos, según las fases (columnas 4 al 7); destinamos los renglones para las preguntas básicas y las tareas respectivamente. Esta primera hoja es como la radiografía del programa, pues en realidad las anotaciones de cada pregunta básica y tarea se desarrollan en los anexos 1 al 4, destinados a cada fase.

Tomamos una hoja de papel para cada tipo de problema (ver ejemplo hoja 1); asignamos nombres a columnas según lo siguiente: columna 1 para códigos de actividades, la columna 2 para descripción de preguntas básicas y/o tareas. Las siguientes de la 3 a la 6 se destinaran a las fases.

Obsérvese que los encabezados del formato indican el nombre del problema, ya que sugerimos usar una hoja para cada problema y este formato 1 u hoja 1, lo que busca es mostrar el estado del mismo a una fecha cualquiera, pudiendo conocer la fecha de iniciación y la fecha asignada, para terminar de resolverla.

HOJA No 1

Formulario para mostrar el estado de aplicación del método Roer 4*7

Inicia: Termina: Código:

Hoja No. 1	Reconocer	Organizar	Emprender	Retroalimentar
	FASE I	FASE II	FASE III	FASE IV

PB | Preguntas Básicas

1 Que tipos problema
2 Como se presentan
3 Cuando se dan
4 Donde se realizan
5 Quienes participan
6 Cuánto valen
7 Porque se dan

TAREAS

T 1   Meditar sobre problemas y soluciones
T 2   Escribir alternativas
T 3   Estudiar
T 4   Escoger opciones
T 5   Estudiar la opción escogida para organizarla
T 6   Simular los diagramas o mapas de soluciones
T 7   Sistematizar la solución
T 8   Informar sobre métodos, objetivos etc.
T 9   Interpretar los planes.
T 10 Iniciar proceso de solución
T 11 Integrar los elementos: recursos y sistemas
T 12 Ajustar es acondicionar sin perder objetivos
T 13 Análisis final.
T 14 Actualizar es registrar con datos reales los estándares.
T 15 Smile o estimular.
T16   Standarizar con honor, justicia, equidad, y realidad de los indicadores.

Descripción del problema;...

....
Coloque adhesivo con colores las etapas cumplidas a satisfacción:

Rojo: en dificultades   Verde: cumplida   Azul: pendiente   Amarilla: en proceso

Breve descripción de códigos de fases, preguntas, tareas, y puntos emproblemados

Después de ello colocamos las preguntas básicas, (ver columnas 1 y 2, renglones de código PB 1-7); seguidamente referimos las tareas que se requiere desarrollar en cada fase. En el formulario 1 se observan unas flechas apuntando las tareas que se deben desarrollar por cada fase.

En la columna 3 encontramos la Fase 1 **Reconocer**; la flecha señala las tareas a realizar en esta primera actividad. Tales tareas están codificadas con T de tarea y muestran un orden secuencial, ya que esas actividades se deben cumplir según el ordenamiento a fin de satisfacer cronológicamente el análisis del problema; tales tareas son: T 1 meditar, T 2 escribir, T3 estudiar y T 4 escoger.

La columna 4 se ha asignado a la Fase 2 que se denomina **organizar;** la flecha indica que se deben desarrollar las tareas: T 5 estudiar, T 6 simular, T 7 sistematizar y T 8 Informar. Al igual que la anterior fase preferiblemente se han de seguir los órdenes prescriptos, ya que guardan su lógica secuencia.

La columna 5 se ha destinado, para mostrar el estado del cumplimiento de la Fase 3 correspondiente a **Emprender**. Esta fase la componen las tareas de: T 9 interpretar, T 10 Iniciar, T11 integrar y T 12 ajustar. Al igual que los casos anteriores la flecha señala la necesidad del cumplimiento de tales tareas. La última columna 6, de esta hoja 1, está asignada a la Fase 4 **Retroalimentar** y se compone de cuatro tareas a saber: T13 análisis final, T 14 Actualizar, T15 Sonreír y T 14 Estandarizar.

En la parte inferior se colocaron otros renglones, para indicar significados de los colores de los adhesivos (o resaltar con colores) que van ilustrando el estado de solución del problema, refiriendo por supuesto el cumplimiento de las tareas por fase.

Cada una de las fases tiene un anexo en donde se da la oportunidad a que libremente se escriban los detalles, de cada tarea al enfrentarse a cada pregunta básica.

Lo anterior significa que hay cuatro formatos más, que se reconocen por que se denominan anexos de las fases.

El primer anexo es para la etapa **Reconocer** es la pagina 2, pero sirve para trabajar solamente los asuntos referidos en la fase en mención, es decir: T 1, Meditar, T 2, Escribir, T 3 Estudiar y T 4 Escoger

El segundo anexo es para la Fase **Organizar** y es la hoja 3; conlleva cuatro columnas para aplicar a las preguntas básicas en las tareas de T 5 Estudiar, T6 Simular, T 7 Sistematizar y T 8 Informar.

El tercer anexo se asignó para los detalles de la Fase **Emprender** y se desarrollan las tareas T9 Interpretar, T10 Iniciar, T11 Integrar y T 12 Ajustar.

Todas ellas para referir preguntas básicas concernientes al desarrollo de los planes.

El cuarto anexo u hoja 5 se destinó a la Fase **Retroalimentación** y detalla las preguntas básicas en las tareas de T 13 Análisis final, T14 Actualizar, T15 Sonreír y T 16 Estandarizar.

En conclusión:

* La siguiente gráfica nos ayuda a percibir rápidamente el proceso:

Se **observa** los comportamientos, **se escuchan** los ruidos o quejas, **se determina la existencia** de los problemas.

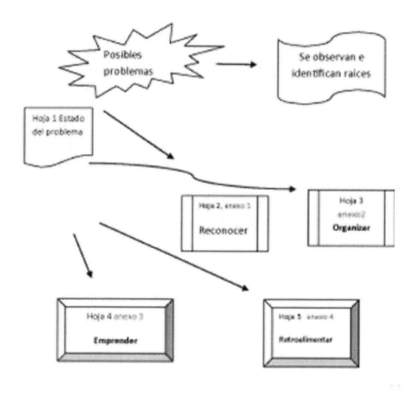

 4 Fases   7 Preguntas básicas    16 Tareas

Fase 1   El **reconocer** es **identificar**, determinar la existencia, percibir la ubicación, establecer las causas y efectos, a través del ejercicio de la **observación, escuchar,** Implica 4 tareas: meditar, escribir, estudiar, y escoger que juegan con 7 preguntas a saber Que como, cuando, donde, quienes, cuanto, porque.

Fase 2   **Organizar** es **estructurar** y asignar una comisión para buscar y escoger estrategias de soluciones: Implica 4 tareas Estudiar a profundidad, simular, sistematizar, informar, que juegan con 7 preguntas: que, como, cuando, donde, quienes, cuanto y porque.

Fase 3   **Emprender** es **ejecutar,** implica 4 tareas: Interpretar las instrucciones, Iniciar el proceso, integrar los recursos y sistemas y ajustar a las condiciones de tiempo, espacio y velocidad, que juegan con 7 preguntas: que, como, cuando, donde, quienes, cuanto y porque.

Fase 4   **Retroalimentar** es sacar provecho de la experiencia, Implica 4 tareas: análisis final, actualizar, Smile y Estandarizar que juegan con 7 preguntas que ya conocemos de sobra y memorizamos: que, como, cuando, donde, quienes, cuanto y porque.

Siempre en cada fase es saludable y recomendable hacer uso de las premisas observar, escuchar y utilizar el recurso y derecho de pedir orientación o investigación.

Para ello detallamos los Formatos de anexos sugeridos a utilizar en cada una de las Fases.

Formulario para mostrar el estado de aplicación del método Roer 4*7   Hoja No. 1

Inicia: Termina: Código:

		Reconocer	Organizar	Emprender	Retroalimentar
		FASE I	FASE II	FASE III	FASE IV
PB	Preguntas Básicas				
1	Que tipos problema				
2	Como se presentan				
3	Cuando se dan				
4	Donde se realizan				
5	Quienes participan				
6	Cuánto valen				
7	Porque se dan				
	TAREAS				
T 1	Meditar sobre problemas y soluciones				
T 2	Escribir alternativas				
T 3	Estudiar				
T 4	Escoger opciones				
T5	Estudiar la opción escogida para organizarla				
T 6	Simular los diagramas o mapas de soluciones				
T 7	Sistematizar la solución				
T 8	Informar sobre métodos, objetivos etc.				
T9	Interpretar los planes.				
T 10	Iniciar proceso de solución				
T 11	Integrar los elementos: recursos y sistemas				
T 12	Ajustar es acondicionar sin perder objetivos				
T13	Análisis final.				
T 14	Actualizar es registrar con datos reales los estándares.				
T 15	Sonría (Smile) y estimular.				
T16	Standarizar con honor, justicia, equidad, y realidad los indicadores.				

Descripción del problema;..

....

Coloque adhesivo con colores las etapas cumplidas a satisfacción:

Rojo: en dificultades   Verde: cumplida   Azul: pendiente   Amarilla: en proceso

Breve descripción de códigos de fases, preguntas o puntos emproblemados

Anexo para detalles fases			Hoja No. 2	
RECONOCIMIENTO			Fase No.	
PB/T	T1	T2	T3	T4
	Meditar	Escribir	Estudiar	Escoger

1   Que tipos de problema

Indicar los diferentes problemas a atacar.

Identifique todas las dificultades

2   Como se presentan

La manera en que se han descubierto.

Recuente los hechos

3   Cuando se dan

Fechas, horas y turnos de los eventos en orden secuencial.

4   Donde se realizan

Lugares donde se han desarrollado los problemas.

5   Quienes participan

Personas que vivieron las dificultades con detalle de accidentes, etc.

6   Cuánto valen

Presupuesto de los efectos causados por el problema.

7   Porque se dan

Posibles causas de la aparición de los mismos.

Estos espacios se dan para que con libertad se dé información sucinta de cada tarea por pregunta si aplica.

Espacio para firmas del comité de evaluación por fase.

Anexo para detalles fases				Hoja No. 3
ORGANIZACION			Fase No.	
PB/T	T5	T6	T7	T8
	ESTUDIAR	SIMULAR	SISTEMATIZAR	INFORMAR

1 Que opción se asignó aplicar

   Que problemas y bondades ofrece la opción

   Estudiar e investigar para formular soluciones sistematizadas y formas de recoger la información, actividades, novedades, relaciones.

2 Como se va desarrollar la opción escogida.

   La manera en se ejecutara cada paso, evento, relaciones, actividades, decisiones, conexiones, hacer los mapas, diseñar las hojas de vuelo aplicables para desarrollar lo planeado.

3 Programar los cuándo se realizaran los inicios, los tiempos de duración de las fases, etc.

   Fechas, horas y turnos de los eventos en orden secuencial.

   Los diagramas han de llevar definidos los tiempos de duración, realización, por cada etapa, evento, y subtarea a ejecutar.

4 Programar lugares en Donde se realizaran las actividades.

   A los planes a ejecutar se le definen los espacios, áreas de trabajo, ejecución, evacuación,

5 Se definen las tareas, a ejecutar entre Quienes participaran.

   Una vez establecidos los afectados se revelan los actores de plan de soluciones, por cada etapa, fase, y tarea, delegando cada tarea en cabeza de alguien que cumpla los requisitos de conocimiento, capacidad de reacción, habilidad para informar, ejecutar, diagnosticar, y llevar a cabo tareas asignadas.

6 Determinar el valor de la inversión o implementación del programa de solución de problemas.

   Presupuesto de los costos de elementos a usar, liquidación de valores de horas a pagar, y otros conceptos que se deben sufragar.

7 La justificación de los métodos escogidos, costos a incurrir, cantidades a usar, tiempos de duración, etc. Es detallar razones de porque escoger las alternativas con sus detalles.

   Estos espacios se dan para que con libertad se dé información sucinta de cada tarea por pregunta si aplica

   Espacio para firmas del comité de evaluación por fase

Anexo para detalles fases			Hoja No. 4
EMPRENDER		Fase No.	
PB/T	T9	T10	T11	T12
	INTERPRETAR	INICIAR	INTEGRAR	AJUSTAR

1   Que cosas implica ejecutar

Que eventos, actividades y relaciones hay que desarrollar. Indagar, entender, percibir la claridad de lo requerido

2   Leer el cómo actuar los siguientes tramos, después de terminar estos.

Recorrer los pasos, hacer los eventos, relacionar los elementos con actividades, tomar decisiones, seguir los mapas, cristalizar lo planeado en hojas de vuelo, aplicar y ajustar al desarrollar lo planeado.

3   Practicar y resolver las variables tiempos, es decir los cuándo.
Probar tiempos de duración de las fases.

Dar a conocer: horas y turnos de los eventos en orden secuencial y realizar tareas según esos tiempos. Comparar tiempos de duración definidos en realización, por cada etapa, evento, y subtarea a ejecutar con los tiempos utilizados reales y determinar desviaciones para saber los ajustes.

4   Reconocer el sitio en el mapa, situarse en ese lugar y realizar las actividades, de cada evento y tarea.

Confirmar los espacios, áreas de trabajo y emprender la ejecución, en el sitio programado, percibiendo los ajustes para corregir lo escrito con lo real, y dejar constancia de las desviaciones de áreas.

Los actores deben poner manos a las obras de acuerdo a lo asignado a cada evento. Los
5   actores de plan de soluciones, están ocupados convirtiendo en realidad las actividades, tarea por fase.

Es estar haciendo su mejor esfuerzo, aplicando lo que se sabe, se quiere y se debe.

Es estar alerta con lo escrito para desarrollar por cada cual lo asignado, en el momento justo.

Hacer uso de los recursos dispuestos y precisar los sobrantes y faltantes para ajustar los
6   estándares y valores por cada concepto proyectado, registrando las desviaciones y los conceptos no tenidos en cuenta dentro de lo previsto.

Es estar pendiente de los efectos resultantes transcribiendo las causas, para justificar lo no
7   conocido, Es detallar razones de porque: no funcionaron los planes, se cambiaron algunas tareas, actividades, Elementos, personas, procedimientos.

Estos espacios se dan para que con libertad se dé información sucinta de cada tarea por preguntas básicas si aplica en cada evento.

Espacio para firmas del comité de evaluación por fase

Anexo para detalles fases			Hoja No. 5
RETROALIMENTAR			Fase No.
PB/T	T12	T13	T14
	ANALISIS FINAL	ACTUALIZAR	SMILE	STANDARIZAR

1 Que cosas hay que corregir, actualizar y llevar a los nuevos estándares.

Que eventos, actividades y relaciones sobraron, faltaron o deben ser redefinidos.

2 Tomar lectura de todas las variaciones para replantear los estándares en cuantos métodos de trabajo.

Hacer los ajustes a los sistemas mediante las correcciones propuestas y actualizar con nuevos eventos, tareas, y actividades y desechar las que estaban mal enfocadas, y formar los nuevos estándares.

3 Identificar los cambios a efectuar en tiempos por horas, minutos, secuencias, frecuencias, por tarea, actividades, fases, eventos, y llevarlos a los nuevos estándares.

4 Con la experiencia realizar los ajustes en dimensiones, áreas, alturas, anchuras, profundidades, ubicaciones, y determinar los nuevos espacios de trabajo.

5 Redistribuir funciones en donde se perciba las necesidades, capturando fortalezas y debilidades de actores por las actividades, tarea por fase, buscando reforzar el conocimiento, entendimiento, y revelando a cada uno las jugadas buenas, regulares y malas, para que conozcan donde deben enfocar las correcciones. Buscar aumentar las destrezas mediante refuerzos de técnicas, tendencias, etc.

6 Determinar las desviaciones de valores, encontrar razones de desviaciones, justificaciones, de valores por cada concepto proyectado, registrando las desviaciones y los conceptos no tenidos en valores por cada concepto proyectado, registrando las desviaciones y los conceptos no tenidos en cuenta dentro de lo previsto en los estándares si es que lo amerita.

7 Encontrar causas y efectos nuevos, buscando el porqué de las desviaciones y justificar el porqué de los cambios en los nuevos estándares.

Elementos, procedimientos, tiempos, presupuestos, actividades, tareas, sistemas, han de ser comprometidos a prueba de cambio.

Estos espacios se dan para que con libertad se de información sucinta de cada tarea por preguntas básicas si aplica en cada evento.

Espacio para firmas del comité de evaluación por fase

-Una vez identificadas las cuatro (4) fases, debemos aprender a segregar las funciones de cada una de ellas mediante la aplicación de las siete (7) preguntas básicas de la noticia o evento, que son: ¿Que, como, cuando, donde, cuanto, quienes, y por qué?

-Cada problema u oportunidad hay que descomponerla en cuatro fases, las cuales a su vez implican interrogarse aplicando las preguntas básicas.

Ello debido a que si metodológicamente aplicamos este sencillo procedimiento, se le da garantía casi plena a la eficacia. Recuerden que Eficacia es igual a la exactitud por la velocidad. EF = E * V

Otra forma de entenderlo	=	**Equivalencia**
1-Identificación es reconocer el problema	=	Es aceptar la realidad del problema
2-Estructuración es organizarse para resolverlo	=	Estudiarlo a fondo, simularlo en un derrotero
3-Ejecución es emprender la solución.	=	Recorrerlo con la práctica
4-Estandarización es retro-alimentar los Estándares e indicadores de gestión	=	Tomar de esa experiencia datos

14

En resumen: premisas, fases, preguntas y tareas mediante la correlación envolvente

Las premisas son acciones previas a practicar antes de todo, y son observar, escuchar, y solicitar asesoramiento si es necesario.

Las **fases** coadyuv**an y** complementan el curso de la 1-investigación, 2-Afinamiento de la estructura de lo solución, y 3-Distribución de tareas en la ejecución, haciendo de la fase 4-Retroaliemtacion la **base de la futura información**, convirtiendo este método en un estilo de trabajo conscientemente perdurable y mejorable vez tras vez.

Las preguntas no son complejidad, sino para garantizar que todos los factores que ayudan a entender las ideas estén presentes.

La aplicación de las **funciones llamadas tareas:** meditar, escribir, estudiar, escoger, / estudiar, simular, sistematizar, informar, / interpretar, iniciar, integrar, ajustar, / análisis final, actualizar, sonreír, standarizar; son necesarias para que los **resultados**: **datos, indicadores de gestión, verdades, premios, beneficios**, sean reales, en tanto que se recorren los espacios, el tiempo transcurre, y se alcanzan objetivos.

La sencillez del funcionamiento sirve para que **las cosas sucedan justo a tiempo**, con la comprensión, de las variables: percepción de las verdades, espacio, tiempo, pesos, cantidad, direcciones, se apliquen las fuerzas y tensiones suficientes y necesarias, de tal suerte que se obtenga el crecimiento apropiado.

Quizás parezca largo, sin embargo el entendimiento del método con la práctica se acelera y además eventualmente algunas tareas o funciones y preguntas quizás no sea necesario formularlas, toda vez que no ameritan o aplican en determinadas ocasiones, pero por seguridad vale la pena considerar en el derrotero todo e ir descartando lo que si se ajuste a cada necesidad.

15

Ejercicio de aplicación

Analogía 6:

Este es un sencillo ejemplo de explicar la misión que asumimos como trabajadores, soldados, padres de familia, estudiantes, vendedores, etc., ante una gran desafío, donde el tiempo, el riesgo, las dificultades para sortear la situación está presente. A la misión de rescate fueron asignados, empresarios, directivos, trabajadores y los afectados son esas familias, pues si la misión de rescate fracasa, los efectos son fácilmente comprensibles.

Condición actual:

Se requiere hacer llegar una información importante sobre el posible rescate a un grupo de desafortunados que fueron secuestrados y permanecen en una extensión de tierra cultivable, en la cuales ejecutan tareas durante el día, tales como limpiar, arar, sembrar, aporcar, abonar, a los cultivos de hortalizas con los cuales se les mantiene ocupados etc.

Aplicación del método Roer 7x4 en este ejemplo:

Los primeros pasos son observar, escuchar y pedir asesoramiento a quien lo sabe.

Lo segundo es que nos valdremos de los formularios explicados para que ellos se conviertan en nuestra guía de soluciones.

Tomamos el formato hoja 1, que corresponde a la radiografía y de las fases, preguntas y tareas que debemos desarrollar.

Igualmente tomamos los cuatro anexos para diligenciar o resolver cada pregunta según corresponda a las etapas de cada fase.

Información disponible: Comunicado del ejército:

El cuerpo de las familias debe asegurarse que los secuestrados conozcan, el día, hora, método y lugar a donde deben acudir en el momento de rescate, pero no hay comunicación prevista para ello. El ejército estableció, planes, día, 28 agosto 2013 hora 20, y asigno la misión al cuerpo de rescate familiar (nosotros) la responsabilidad de avisar a los secuestrados de tal evento.

Recuerde que siempre debe primar: la observación, el escuchar, buscar asesoría[4]

Cada fase precisa aplicar la observación, escuchar, y pedir ayuda,

Fase 1

T1 Meditar: ¿Qué problemas reconocemos?

Cada una de las tareas implica resolver las preguntas básicas de: que, como, quien, cuando, cuanto, donde y porque, para asegurarse de que no faltan detalles. Se dará a conocer la dificultad y el compromiso en que se encuentran los actores.

---

[4]   Nota: Nunca menospreciar la ayuda de Dios, la cual viene solo si sinceramente lo deseamos, estamos dispuestos a pagar el precio de reconocer que somos sus hijos, pedimos sin vanas repeticiones y frases repetidas, sino ajustadas a las circunstancias, y tendremos la determinación de hacer ajustes en vidas para ser merecedores de ser escuchados según su forma. Es más corto, más seguro, la pidió Albert Einstein; ¿eres tu más conocedor que él?

Para buscar soluciones mediante estrategias, se da oportunidad para que medie un día entre el grupo de trabajo compuesto por cuatro personas, y al día siguiente a las 8:30 am se escucharan as propuestas. Se cuenta con 28 minutos de reunión.

- Secuestro de varias de personas.
- Riesgos para los secuestrados.
- Terreno minado.
- No hay posibilidad de usar teléfonos, ni ningún tipo de comunicación convencional.
- A medida que pasa el tiempo las condiciones de maltrato se acentúan, y las posibilidades de supervivencia se reducen.
- Los compromisos son reales, de tal suerte que o se hace o se hace. Sí o sí. No son deseos, son necesidades.
- Somos parte del problema y de la solución.

T2 Escribir: Escritos recibidos de los actores del equipo de análisis.

Los personajes traen escritas sus posibles soluciones a cada tipo de problema.

Soluciones previstas:

- Utilización de mercenarios.
- Esperar un canje de prisioneros.

Aceptar apoyo del Estado y cumplir con la responsabilidad de informar a secuestrados día, y hora de rescate para dar instrucción de la dirección hacia donde se deben dirigir en el momento de rescate.

T3 Estudio de alternativas de solución. Discusión de planes y estrategias de comunicación sobre rescate.

- Utilización de mercenarios
- Esperar un canje de prisioneros.

-Aceptar apoyo del Estado y cumplir con la responsabilidad de informar a secuestrados día, y hora de rescate para dar instrucción de la dirección hacia donde se deben dirigir en el momento de rescate.

Las alternativas se expusieron según el detalle anterior, y se dispuso un receso de 15 minutos para que tuvieran oportunidad de comentar informalmente las cosas.

T 4 Escoger alternativa:

Desarrollo de la reunión: Se discutirán las propuestas, de cada uno, y se escogerá en consenso la alternativa más viable. Se escogió la alternativa de que sea el ejército quien haga el rescate, y nosotros asumimos el papel de comunicadores a secuestrados. Se discute quienes presentaran el plan de comunicación.

Inicia el nuevo proceso con las mismas etapas o fases, tareas y preguntas.

T1 Meditar sobre cómo se hará la comunicación. (Se dio oportunidad de meditar el asunto 20 minutos).

T2 Alternativas recibidas.

• Encontrar alguien que pueda referir el plan, pero ese alguien debe ser quien tenga contacto eventual con secuestradores y secuestrados.

• Informar mediante estrategia de cometa, ya que dentro de los secuestrados se encuentra Andrés, el cual practicaba comunicación familiar a través de los papelillos de la cola muy encubiertamente, y que consistía en que dejaban caer la cometa después de tres elevadas sucesivas por día.

T3 Estudiar las alternativas propuestas.

Se informe ampliamente sobre cada posibilidad: se estudiaron los que hacer, los cómo, los cuándo, los quienes, los cuanto y los porque. Se dieron los detalles de las posibilidades con informantes y los riesgos, y el procedimiento dela cometa.

T 4 Escoger alternativa:
Se escogió la menos riesgosa y sospechosa, la comunicación a través de cometas, ya que Andrés puede reconocer el método, los mensajes y formas de actuar en cada uno de ellos. Se escogió comité de preparación de plan de trabajo y organización. La cometa se convierte en el único vehículo factible de ser disimulado, para transmitir los datos en condiciones tan adversas, donde no se ponga en riesgo ni a emisores ni receptores, ni genere sospechas, pero pueda alcanzar la distancia, capacidad de informar (escritura), y oportunidad cuando los vientos sean oportunos y justos.

Fase 2 Estructurar.

El comité escogido debe focalizar las soluciones resolviendo las preguntas básicas en cada etapa de la organización: La fase de organizar es definir, los medios, materiales, participantes, procedimientos, mapa de recorrido, diagrama de flujo de actuaciones para saber los eventos, actividades y /o relaciones, prioridades.

Para cristalizar cada una de esas tareas hay necesidad de volver a postular las mismas preguntas básicas, del; que, como, cuando, donde, cuanto, quienes, y por qué, y en cada etapa inclusive hay que replanteárselas, pues ellas le aminoran posibilidades de dejar cabos sueltos.

T5 Se comienza **estudiando,** descubriendo, investigando el problema de las variables: tiempo, espacio, circunstancias, condiciones, direcciones del viento, climatología, etc. Poner en **la mente** o visualizar.

En otras palabras requiere estudiar lo que son las fuerzas gravitacionales, las aerodinámicas, y las fuerzas de tensión. Comprender que la velocidad del viento que se desplaza por la parte superior de la cometa es mayor que la que se desplaza por debajo generando presiones diferentes, ya que la de encima se vuelve menor y que la presión del viento se hace mayor por la menor velocidad que se presenta abajo, convirtiendo esa diferencia en una fuerza que le permite tomar altura o fuerza de elevación.

También le toca conocer que estas cometas son más pesadas que el volumen del aire que desplazan. Que son aerodinámicas, es decir superan la fuerza gravitacional, y se sostienen en el aire gracias a la fuerza del viento de oposición o fuerzas de presión del viento. Por ello hay que conocer la dirección del viento de oposición. De tal manera que hay fuerzas que condicionan la altura, la fuerza de elevación que viene por la presión del viento y es ascendente y la fuerza de atracción de la gravedad sobre la cometa, que por supuesto es contraria a la de elevación.

Habrá necesidad de indagar sobre cómo funcionan estos principios. La aerodinámica del vuelo que se da por la ecuación de la continuidad basada en la segunda ley de Newton por la cual la cometa recibe una fuerza hacia abajo sobre el borde inferior por el aire, pero el aire que pasa por debajo y levanta el borde superior generando la fuerza ascendente y mayor que la recibe el borde inferior. Y el principio de cambio de presiones relativas sobre y debajo de la superficie de la cometa que genera la fuerza de elevación.

En otras palabras que para elevar una cometa se requiere que la fuerza de elevación sea mayor que el peso de la cometa. También que la fuerza y dirección del viento necesitan estar presentes en forma contraria a la posición del frente de la cometa.

También hay que conocer que la cola es el elemento estabilizador y equilibrio compensando los movimientos gravitacionales de cabeceo y balanceo.

Para lograr el equilibrio la fuerza de sustentación debe vencer las fuerzas gravitacionales y existir una tercera fuerza de tensión que se imprime con el hilo.

La fuerza de tensión se encuentra aplicada en el punto de unión de los tirantes, de tal forma que se convierte en el control.

Haciendo uso de esas verdades de la física tendrá que plantearse las preguntas siguientes:

Que hay que planear, que circunstancias haber, que tipo de construcción de cometa hay **que** hacer.

Los **Como** son los posibles: métodos los procedimientos, visualizar derroteros, es la ingeniería hipotética.

Los **Donde**, se deben situar tanto los emisores como los receptores. Es definir los espacios de ejecución, áreas, coberturas, conocer la geografía, topografía, determinar con exactitud lugares, etc. Para ello deben estudiar, bastante las condiciones existentes de terrenos.

Cuanto será la cantidad de información que se necesita transmitir, cuanta distancia, hay. Consiste en dimensionar, es decir ponerle: cantidades, frecuencias, medidas.

-**Cuando** lo deben llevar a cabo. Es colocar fecha de realización, puntualizando, paradas, observaciones, tiempos de duración, límites permisibles de riesgos.

-**Quienes** han de estudiar, hacer los diseños, comprar elementos, y podrían hacer el experimento. Persona que elevara la cometa sin levantar sospecha.

Es determinar los actores, estableciendo rangos de autoridad que transmitan ánimo, seguridad que levanten rodillas rotas, replanteen en la marcha soluciones, diagnostiquen causas y efectos, expliquen actuaciones, y definan y redistribuyan funciones en caso de caídas de actores. Además asignar tareas a quienes van a desarrollar compromisos.

Han de explicar a los actores **el porqué** de los riesgos, **el porqué** de los caminos trazados, para que se entregan las herramientas y la razón de cada actuación a fin de que conociendo los riesgos, los actores y gestores conozcan y prevengan caídas innecesarias. -Justificación del porqué se han de hacer las cosas.

T6 El **simular** es diseñar **ya no en la mente sino esquematizar**, hacer los diagramas, han de consistir en la preparación de hoja de vuelo y/o mapa del recorrido del proyecto. Para ello vuelven y juegan las preguntas básicas.

En el caso que nos ocupa se ha de **diseñar** el **que** tipo de cometa que cumpla las opciones propuestas. Además se debe determinar la distancia aproximada que los separa del lugar de los terrenos cultivables, los horarios, los códigos de colores usados por Andrés con los respectivos significados. Todo ello lo contesta las preguntas básicas.
Entre las cosas que hay que **precisar** están las de las direcciones de los vientos, la consistencia de la cometa, la distancia que hay entre la colina escogida y el área de cultivo.

La cantidad de piola que se necesita alimentar, para alcanzar la altura necesaria, que al caer ella, recorra la distancia precisa y caiga en el área requerida. También se necesita asegurarse que la piola deba ser revisada y acerada, para garantizar la resistencia y fuerza del viento genera. Se debe recibir información amplia y suficiente de todos los detalles y significados de información que usaba la familia cuando hacia la práctica de comunicación por medio de la cometa.

Entre las características de construcción de la cometa esta debe ser un barrilete construido con 3 astillas de guadua que midan entre 50 y 70 centímetros de longitud, un diámetro de 6 milímetros aproximadamente.

Los colores de la cometa que Andrés usaba eran los verde y rojo, ya que el manifestaba su preferencia, y así le insinuaríamos de que se trata. La cola debía garantizar que los papelillos no se desprendieran con facilidad, ello para captar la atención de él.

Los palos o estructura deben estar unidos con cáñamo preferiblemente acerado para que este no se desajuste y tampoco pierda resistencia.

También los lados deben están unidos con ese material, a fin de que no sufran rupturas por rozamientos con árboles al caer, pues hay que prever que si cae encima de un árbol, ellos tendrán que bajarla, y sortear las dificultades de hacerlo sin deteriorarla.

La cola se debe hacer de papelillos varios que puedan mimetizar los mensajes que llevan e irán en los colores azules, ya que son los que pueden encubrir los datos, manteniendo los mismos códigos usados por la familia de Andrés.

La construcción de la cometa debe mantener la cantidad de cola necesaria que impida que de vueltas en el aire, al procurar vencer la resistencia del viento, de tal manera que haya equilibrio entre los pesos a elevar al remontar las alturas.

Los tirantes han de estar bien distribuidos, puesto que si no lo están, la cometa no mantiene la posición correcta y se estorba la dinámica de elevación.

T-7 Sistematizar: es hacer las plantillas, formatos, macros, software requeridos, digitar los manuales de instrucciones. Es llevar a la **precisión** los detalles estudiados y simulados a través de un medio computarizado, donde perfeccione en un sistema lógico las diferentes rutinas de fases, tareas preguntas y obtenga con ello facilidad de impresión, comunicación, archivo, y realización de pruebas diagnósticas que se dan por las posibilidades que estos medios ofrecen. Además debe buscar el apoyo de estos medios que permiten realizar los ajustes en forma inmediata, ya que se darán casos para copiar, pegar, resaltar con colores, hacer énfasis con referencias, etc..

T8 Informar: Ya teniendo en el computador todos los detalles, se hace más versátil el trabajo y se podrá informar con velocidad sobre los cambios, fallos de instrucción y reportar cambios de planes a plan B, o C.

Desde luego que aquí habrá necesidad de utilizar también las preguntas a fin de divulgar que, como, cuando quienes, etc., deben saber a través de la información a publicar.

Riesgos, obstáculos. Es encontrar las muchas dificultades que podrían eventualmente suceder, cómo actuar ante esas dificultades, detallando tipos, clases, categorías, relaciones, colores, sabores, olores, distancias etc., que no se previeron a fin de que se sepan cómo plan B y/o C.

Fase 3 Emprender:

Esta fase es propiamente la acción de todo lo meditado, aprobado, organizado anteriormente. Es poner el carro en marcha. Aquí ya se deben tener los elementos listos para construir la cometa, hacer uso de ella y hacer los ajustes que se requieran por las diferentes actividades, eventos, y relaciones que se deban cumplir según lo propuesto antes. La fase de emprender es la ejecución propiamente dicha, es llevar a cabo lo planeado, definiendo planes A y B o C en caso de existir ambigüedades, o condiciones no establecidas o claras. Se supone que los ejecutores, deben contar con el adiestramiento, información, datos, elementos, y otros que las circunstancias le ameriten.

Al igual que las fases anteriores es necesario replantear todas las siete preguntas por las tareas: interpretar, iniciar, integrar y ajustar, pues una cosa es el estudio del plan, estructurarlo, y otra cosas es ejecutarlo.

T9 la **interpretación** de lo planeado a ejecutar es necesario, pues cada actor debe conocer su papel a cabalidad, es la oportunidad de hacer las preguntas necesarias para entender los movimientos, espacios, condiciones, procedimientos, etc.

T10 La segunda tarea a desarrollar en nuestro caso y consiste en **iniciar** lo previsto. Ello significa que hay que construir y disponer de los materiales, y fabricar la cometa con las características definidas y asegurándose que las funciones de los elementos cumplan los requisitos. Recordar que todo debe ser según lo estudiado, pues cada cosa tiene un propósito, una razón, una justificación. Lo que se ha propuesto no es por casualidad, sino que ha de cumplir con fundamento la razón de su creación, producción. No se harán cosas para pasar el tiempo, ni para que exploten por verlos como la pólvora, no será para entretener, sino para asegurar el éxito. Esto nos lleva a recordar que los elementos tendrán las siguientes funciones.

a) La Estructura	Los tres listones o palillos.
b) La Resistencia	El papelillo que llena los espacios.
c) La Tensión.	Los hilos que amarran los palillos tanto en el centro y extremos, y los nudos que amarren cola, hilos, tirantes, bordes. También la fuerza que se dé entre el controlador y el hilo o piola.
d) El control	Los tirantes.
e) La distancia	La determina la cantidad de hilo que debe llevar para recorrer relación de la altura, espacio o distancia relativa a esa altura.
f) El equilibrio	La cola que debe llevar que le permita el equilibrio de la carga, con la cual se eleve y no genere dificultades ante ráfagas de viento en cada condición.
g) Consistencia	Cada uno de los materiales debe estar, pegado, ajustado, amarrado, asegurado, de tal suerte que garantice que no se reventaran las amarras, desajustaran los tirantes, la cola resistirá el peso y de cada fricción de viento, y además el hilo es fuerte y bien untado de cera o parafina, para evitar que se deteriore con la humedad, el tiempo u otros elementos que lo revienten, y que los hilos no tengan fisuras ni rupturas.

◀ **11 Integrar** todos esos elementos se han de poner a jugar con los actores, y se dispondrán a usar en la medida, apropiada, en el orden establecido y conforme a la guía del Espíritu que recibimos y nos confirma que lo que estamos haciendo está bien. Es la **sincronización** de los elementos dispuestos.

Pues tanto tiempo, oportunidades, espacios, velocidades, cantidades, fuerzas, presiones, tensiones, individuos, cometas, etc., han de estar previstos en su punto.

T 12 Ajustar es realizar los correctivos, que se necesitan y escribirlos para que se deje constancia de la razón de los cambios, variaciones, desviaciones, y así se pueda justificar con claridad cualquier cambio durante la marcha. Los cambios o ajustes deben ser autorizados o asumidos por la persona competente o asignada para ello.

Esto implica asumir responsabilidades, donde se tenga capacidad d responder por las causas y efectos.

Fase 4 Retroalimentación:

T 13 Es la tarea de **análisis fina**l; estudiar a conciencia todos los detalles de desviaciones, aristas, comparar con lo establecido y entender las justificaciones a fin de que sean un faro, una brújula, un GPS, para la permanencia, para que estos hechos se vuelvan una rutina de aplicación constante, pero siempre pensando en la necesidad de buscar nuevos horizontes que superen los estándares para bien y no para mutilar, retroceder o deteriorar.

T14 Actualizar es tomar la información y registrar en los estándares, solo si estos fueron mejores que los alcanzados en la última ejecución y siempre y cuando no hayan existido factores preponderantes que hayan sido ocasionales y anormales. De lo contrario dejar la historia porque estos fueron inferiores a los estándares, pues la historia es el lenguaje del presente que solo sirve en el futuro, siendo por el tiempo un pasado. Es la huella del carbono, como se exigen hoy en todas las prácticas medioambientalistas. Es estar preparado para el futuro, con la historia.

T15 Sonreír o Smile. No es más que dar un motivo de alegría y reconocimiento a sus colaboradores. Es la oportunidad de mostrar la gratitud de parte y parte, pero yendo un poco más adelante, pues se busca motivar para romper barreras de desánimo, incomprensiones, malos entendidos, oportunidad para retomar la confianza, logros a nivel de grupo. Es competir sanamente para lograr la optimización, el progreso de todos, la satisfacción de haber cumplido su mejor esfuerzo. Haber dado la pelea y recibir la retribución adicional por el esfuerzo y logro adicional. Es compartir el éxito a derecha y a izquierda. Es regocijarse en conjunto con su grupo, por el éxito, y replantearse hacerlo en las próximas oportunidades.

T16 Estandarización es la legalización de los nuevos patrones de medición. Se mantienen para alcanzar la excelencia dentro de condiciones normales. En la medida que haya variaciones favorables o desfavorables, estos son los que darán la pauta de confrontación de los resultados y sobre ellos se decidirá si hay eventos de jugadas buenas que ameriten premios o si hay jugadas malas que propendan a descalificar o castigar en puntaje.

16

Conclusiones

16.1. Metodología de aplicación.

Una vez hemos puesto en marcha las **premisas** de observar, escuchar y pedir orientación a quien lo sabe, nos dedicamos al desarrollo de los problemas pasando a las **fases, tareas** y **preguntas**.

Lo primero es familiarizarse con la palabra **ROER**, pues ella revela las fases que se identifican con las letras iniciales de las palabras, 1 Reconocer, 2- Organizar, 3- Emprender y 4- Retroalimentar, y aunque ella significa aplicar una rutina de **ROER** a cada problema, emula la acción de los roedores al satisfacer sus necesidades de alimentación mediante la acción de hacer, para que sus colmillos no les crezcan más de lo soportable.

1. Reconocer:

Es mediante la observación que se procura darle forma a las posibles soluciones, encontrando la raíz de los problemas.

Es descubrir: los problemas, actitudes negativas, etc., para alterarlas, resolverlas o desecharlas, mediante acciones posteriores, analizadas con criterios justos, veraces, correctos y oportunos.

Reconocer las **oportunidades** positivas, privilegios, o **responsabilidades**, de **mejorar**, pues no hacer nada es retroceder cada vez más.

Mediante la **investigación**, estudio, **observación**; **no** detenernos a **quejarnos**, en tanto que actuamos en forma **coordinada**, **buscando razones, frecuencias, dimensiones, profundidades, anchuras, alturas, cantidades, duraciones, efectos, causas, fuerza, lugares, tiempos, gestores, afectados, y demás variables** posibles, que se combinan.

Es **conocer a satisfacción** mediante la búsqueda de **síntomas**, comportamientos, comentarios, quejas, devoluciones, perdidas, faltantes, derrames, caídas, etc., la **existencias de problemas**, para evitar la repetición, propagación, haciendo caso omiso a la indiferencia, intereses creados de grupos o personas, o ligereza de comprensión, e iniciar acciones efectivas tendientes a soluciones permanentes.

Este método nos ayuda a entender que las cosas como los metales preciosos vienen revueltos o encubiertos, con tierra y que nuestra mira es **separar lo bueno y lo malo**, descubrir el oro y platino entre las rocas y la tierra.

Descubrirlo nosotros mismos. Es escuchar en medio del ruido, el sonido de una verdad. Identificar qué es lo importante y que es lo interesante.

Las máquinas se quejan a través de los chirridos, o manifiestan desajustes de lubricación, y futuros problemas, si no se atienden a los sonidos anormales de ipso facto.

Este proceso se realiza siendo como las pequeñas partículas de agua que se van juntando unas con otras, hasta formar **nubes o ideas**, que se van **moviendo** y después **refrescan el ambiente** a través de los hechos de la lluvia, trayendo como resultado positivo el **reverdecer** de la naturaleza o **entorno**.

2. Organizar:

Es tomar las ideas, recomendaciones, rectificaciones, explicaciones de justificaciones y revisiones, transcribirlas, tomar las experiencias pasadas y fijar los planes para driblar las dificultades.

Implementar métodos de trabajo, para **hacer** que lo **que** parezca **imposible suceda**. Es convertir los planes en compromisos, ya que los planes son ideas del quizás, en tanto que los compromisos son acciones en potencia, es decir, **sí o sí**.

Organizar implica **trazar caminos**, mapas, hojas de vuelo, hacer Gantt, hacer redes de Pert, o implementar diagramas de flujo, que **simulen gráficamente los recorridos, eventos y actividades**, que se espera se realicen en cada caso.

Las congestiones de producción, actividades críticas, sitios de problemas, etc., se deben visualizar antes de que ocurran, y coordinar así varios partes, PQR, etc., de trabajo, se procesan y estandarizan a través de los indicadores de gestión, las soluciones, mediante los reconocimientos y organización de posibles soluciones.

En realidad hacer los Pert o demás expresiones graficas es beneficioso porque así se llevan a esquemas visuales las representaciones y desafíos, y una vez estudiados tendremos que **completarlo** con el asesoramiento.

Organizar es sistematizar lo decidido sobre métodos más convenientes.

Después de balancear todas las posibilidades, implementar procedimientos seguros y repensados para desarrollarlos y así tener una claridad en la **administración por objetivos**.

Hacerle la trazabilidad al camino y establecer métodos de recorrido.

3. Emprender:

Es la **ejecución** de lo planeado. **Recorrer el camino** mediante los programas propuestos. Seguir los dictados del sentimiento buscando la paz interior que se logra después de hacer el mejor esfuerzo; **implementar ajustes** a medida que se reconocen los pasos de lo desconocido, con la flexibilidad de hacer cambios de ruta sin que se pierda el horizonte, ni la perspectiva, ni mucho menos se cambien los objetivos. Ser un Colon, Newton, Albert Einstein, aunque el mundo te voltee la espalda y la crítica sobrevenga en el camino.

Es volar como la gaviota, arriesgarse estando seguro de hallar la manera de **actuar en el trayecto** con un derrotero para actuar acompañado de los tuyos.

Es **expresar con el trabajo las ideas**.

Es convertir el deseo en trabajo positivo. **Aplicar lo que se sabe, se quiere, y desea**, siendo libre como el pensamiento, sin dañar el entorno.

Emprender es **ejecutar lo que se debe hacer**.

Es triangular cuando no se puede enfrentar un obstáculo, buscando un camino factible para recorrer el espacio, pero por otro lado sin dar oportunidad a perder ni los objetivos ni abdicar, ni dar oportunidad a perder el precioso tiempo, dando vueltas sin sentido ni rumbo.

4. Retroalimentación:

Es tomar la experiencia anterior para informarme de los pro y contra y evitar las repeticiones de problemas.

Transcribir los ajustes de velocidad relativa de lo experimentado inicialmente, accionando los frenos en los puntos álgidos descubiertos, y referirlos en los escritos y nuevos estándares.

16.2. ENSEÑANZAS Y VALORES DE PERSUASIÓN.

1. Permanecer: es correr controladamente, con menos riesgos, en vez de caminar, pues cada vez se debe hacer mejor. Alimentarse de ideas buenas y desechar las malas experimentadas. Es reestructurar, es simplemente permanecer, ser constante en el cambio con rumbo definido. Es renunciar a acostumbrarse.

2. Es con los eslabones de los errores impulsarse para alcanzar lo correcto, proyectándose más cerca a lo exacto, justo y necesario.

3. El método ROER 7 x 4 es buscar un excelente o nota 5. Sin atajos, trampas, ni doping, sino con la fuerza de la honradez, la satisfacción de la verdad, ni quitar a los demás sus derechos, ni dar oportunidad a pensar en el fracaso, visualizar el éxito esperado, sacar el miedo y reemplazarlo por la seguridad.

4. Es una manera de volver realidad los sueños, para que el cansancio de no hacer nada no nos domine.

5. Ayudar a todos a fijar metas elevadas.

6. Es Observar el potencial. (Visualizar).

7. Querer es sentir el deseo de hacerlo muy bien.

8. Creer que si se puede, no obstante que parezca imposible.

9. Definir la meta y convertirla en una obsesión de mejorar, actuar, caminar y compartir, el éxito viable antes, durante y después.

10. Es sacar el David que hay dentro de cada uno, para que enfrente a los Goliat, hacer las cosas con intrepidez y valentía.

11. Es hacerse merecedor de confianza, gratitud, sin menospreciar a nadie ni subestimar a los demás, pues el progreso viene integralmente.

12. Hacer un inventario de lo disponible, para conocer y obtener lo que falta mediante el: conocimiento, investigación, tecnología, trabajo, comunicación, voluntad, inspección, retroalimentación, convirtiendo los métodos y procesos en hábitos de perfección cotidiana.

13. Escoger alternativas después de sintetizar y desechar las interesantes para reemplazarlas por las importantes.

14. Es convertir en rutinas rítmicas y amenas los procesos de cambio, ajustes, hasta formar estilos definidos de éxito sin mirar atrás, para llorar por lo sacrificado y más bien disfrutar de lo logrado.

15. El objetivo es evitar dar vueltas innecesarias en el aire, sin enredar a los demás, alcanzar la mayor altura en forma segura, controlable, amena, y disfrutar de la oportunidad, es decir estar equilibrado, en posición y condición de vencer las fuerzas gravitacionales, las presiones de los vientos, imprimir la tensión y control requeridos.

16. Aprovechar los vientos de oposición, y usar esa presión para elevarnos, sin pensar en la dificultad para superar los temores, las limitaciones, etc.

17. Es usar los elementos completos, en la medida, fuerza, tensión, distancia, cantidad, precisión equilibradamente, haciendo de los vientos de oposición oportunidades para remontar las alturas del éxito y perfección.

18. Es poner en práctica el sentido común, la concertación, la valoración, la evaluación, el ejercicio de la democracia, y hacerlo tan cotidianamente como se necesite y a tiempo.

19. Es Roer porque es aplicar como los castores y ardillas la técnica de supervivencia y búsqueda de lo necesitan, sin cambiar lo práctico por lo sofisticado.

20. Es una analogía de la cometa por que debe ser una amena oportunidad de cruzar las alturas, con cosas posibles, usando 30 elementos (3 premisas, 4 fases, 7 preguntas y 16 tareas) para la construcción de los procesos de cambio y mejora cotidiana.

21. Si hay que trasegar las distancias, las alturas, en un tiempo determinado, busquemos mediante la ecuación precisa la solución equivalente que satisfaga las necesidades, conforme a las constantes de que se disponen.

22. Es ponerle al sueño una fecha para convertirla en realidad, es ponerle a la misión, y visión, la acción, para recibir la premiación, y convertir ello un estilo de actuación.

23. Es descubrir que es un hijo preciado de Dios y como tal merece ser escuchado, apoyado, después de mostrar actitudes mejores y disposición de hacer su voluntad.

24. Es ser leal a pesar de las dificultades.